Jean Bungartz

Illustriertes Katzenbuch

Rassenbeschreibung, Zucht, Pflege, Fütterung und Krankheiten der Katzen

Jean Bungartz

Illustriertes Katzenbuch
Rassenbeschreibung, Zucht, Pflege, Fütterung und Krankheiten der Katzen

ISBN/EAN: 9783742866363

Hergestellt in Europa, USA, Kanada, Australien, Japan

Cover: Foto ©ninafisch / pixelio.de

Manufactured and distributed by brebook publishing software (www.brebook.com)

Jean Bungartz

Illustriertes Katzenbuch

Inhalt.

	Seite
Geschichtliches	1
Die Katze in Sage und Märchen	6
Die Katze im Sprichwort	10
Naturgeschichtliches	13
Die Abstammung der Hauskatze	17
Die Falbkatze (Felis maniculata)	20
Die Wildkatze (Felis catus)	22
Der Manul oder die Steppenkatze (Felis manul)	28
Die Ginsterkatze (Viverra genetta)	32
Die Hauskatze, ihre Rassen und Varietäten	35
Die wildfarbige oder graue und schwarzgestreifte Hauskatze	35
Die blaugrau gestreifte Hauskatze	36
Die schwarze Hauskatze	36
Die weiße Hauskatze	37
Die Maskenkatze	38
Die schwarzköpfige oder Mohrenkatze	39
Die maus- oder fahlgraue, gelbe und gescheckte Hauskatze	40
Die dreifarbige oder spanische Katze	40
Die Cypern-Katze	42
Die Karthäuser-Katze	43
Die Island- oder Kumanische Katze	44
Die Angora-Katze (Felis maniculata domesticus angorensis)	44
Die Chanchilla-Katze	44
Die Khorassan- oder persische Katze	47
Die chinesische oder hängeohrige Katze	47
Die siamesische Katze	49
Die Man- oder Stummelschwanz-Katze (Felis maniculata domestica ecandatus)	50
Die Katze von Cochinchina	51
Die madagassische Katze	51
Die Katze von Island	52
Die Tobolsker Katze aus Sibirien	52
Die Katze vom Kap der guten Hoffnung	52
Die Katze aus Mittelamerika	52

Inhalt.

	Seite
Die Zucht der Katzen	52
Der Zuchtkäfig	53
Auswahl der Zuchttiere	55
Die Fortpflanzung	56
Trächtigkeit und Geburt	59
Aufzucht, Entwöhnung und Erziehung	62
Mutterliebe	**65**
Nahrung und Fütterung	**69**
Die Sinne der Katze	**72**
Das Sehvermögen	72
Der Gehörapparat	75
Der Geruch	76
Der Geschmack	76
Das Gefühl	76
Das Spinnen und Schnurren	78
Eigenschaften der Katzen	79
Reinlichkeit	79
Behaglichkeit und Ruhe	79
Anhänglichkeit	80
Ortssinn	81
Falschheit	81
Klugheit	82
Freundschaft mit anderen Tieren	82
Abrichtung und Dressurfähigkeit	84
Der Nutzen der Katzen	85
Die Schädlichkeit der Katzen	88
Protegierte Katzen und ihre Gönner	95
Allerlei Heiteres und Ernstes aus dem Leben der Katze	98
Die Katze im italienischen Parlament	98
Eine Katze bei der Königin von England in Audienz	99
Der Prinz von Wales und die Katzen	100
Militärkatzen	100
Eine kluge Katze	100
Eine Art Naturwunder	101
Katzen als Reklame	101
Die Katze als Rächerin ihrer ermordeten Herrin	102
Vorsicht im Umgang mit Katzen	103
Wütende Katzen	103
Katzenvertilgung	103
Des Menschen Fürsorge zu gunsten der Katzen	**107**
Vermächtnisse	107
Das Testament einer Katzenfreundin in England	107
Asyle und Hospitäler	108

Inhalt. — Verzeichnis der Abbildungen.

	Seite
Gesetzliche Bestimmungen über das Töten der Katzen	111
Die Krankheiten der Katzen	114
Die Wut	115
Die Sucht oder Staupe, auch Seuche genannt	115
Husten	116
Durchfall	116
Vergiftungen	116
Räude oder Krätzmilben	116
Bißwunden und Wunden	117
Knochenbrüche	117
Ungeziefer	117
Band- und Spulwürmer	117

Verzeichnis der Abbildungen.

Fig.		Seite
1.	Ägyptische Katzenmumie	2
2.	Schädel der Wildkatze	14
3.	„ „ Hauskatze	14
4.	Skelett der Katze	15
5.	Falbkatze (Felis maniculata)	20
6.	Wildkatze (Felis catus)	22
7.	Ginsterkatze (Viverra genetta)	33
8.	Wildfarbige oder graue und schwarzgestreifte Hauskatze	36
9.	Graue Hauskatze mit weißen Abzeichen	37
10.	Schwarze Hauskatze	38
11.	Weiße Hauskatze	39
12.	Mohrenkopf-Katze	40
13.	Gefleckte Hauskatze	41
14.	Cypern-Katze	42
15.	Karthäuser-Katze	43
16.	Angora-Katze	45
17.	Persische Katze	47
18.	Chinesische oder hängeohrige Katze	48
19.	Siamesische Katze	50
20.	Man- oder Stummelschwanz-Katze	51
21.	Zuchtkäfig	54

Geschichtliches.

Die Verehrung geweihter, als heilig geltender Tiere war bei den alten Ägyptern zu einem vollständigen Kultus ausgebildet. Während manche Tiere im ganzen Lande für heilig gehalten wurden, hatten wieder einzelne Provinzen ihr besonderes heiliges Tier, und nächst dem Stier Apis war die Katze wohl eines der bevorzugtesten Wesen.

Ebers sagt in seiner „Ägyptischen Königstochter": Die Katze war wohl das heiligste von den vielen heiligen Tieren, welche die Ägypter verehrten. Während andere Tiere nur beziehungsweise vergöttert wurden, war die Katze allen Unterthanen der Pharaonen heilig. Herodot erzählt, daß die Ägypter, wenn ein Haus brennt, nicht eher ans Löschen dächten, bis ihre Katze gerettet sei, und daß sie die Haare als Zeichen der Trauer sich abschoren, wenn ihnen eine Katze stürbe. Wer eines dieser Tiere tötete, verfiel, mochte er mit Wollen oder aus Versehen der Mörder desselben geworden sein, unerbittlich dem Tode. Diodor war Augenzeuge, als die Ägypter einen unglücklichen Römer, welcher eine Katze getötet hatte, des Lebens beraubten, obgleich, um der gefürchteten Römer willen, von seiten der Behörden alles mögliche geschah, um das Volk zu beruhigen. Die Leichen der Katzen wurden kunstvoll mumifiziert und beigesetzt; von den vielen einbalsamierten Tieren wurden keine häufiger gefunden als die sorgfältig mit Leinenbinden umwickelten mumifizierten Katzen (Fig. 1).

Die Göttin Pacht oder Bast, welche mit dem Katzenkopfe abgebildet wird, hatte zu Bubastis im östlichen Delta ihr vornehm-

Geschichtliches.

lichstes Heiligtum. Dorthin brachte man gewöhnlich die Katzenmumien, welche aber auch an anderen Orten, namentlich sehr häufig am Serapēum, gefunden worden sind. Die Göttin war nach Herodot gleich der griechischen Artemis und wurde die Bubastische genannt. Nach Stephanus von Byzanz soll die Katze auf ägyptisch „Bubastos" geheißen haben. Übrigens nannte man die Tiere für gewöhnlich „Mau-Mie". In der Pacht scheint man auch die Beschützerin der Geburt und des Kindersegens verehrt zu haben, und ebenso scheint es nach der Veröffentlichung der Tempelinschriften von Denderá durch Dümichen keinem Zweifel zu unterliegen, daß man in der Bast gewisse Seiten der durch die Phöniker den Ägyptern zugekommenen Astarte oder Venus-Urania verehrte.

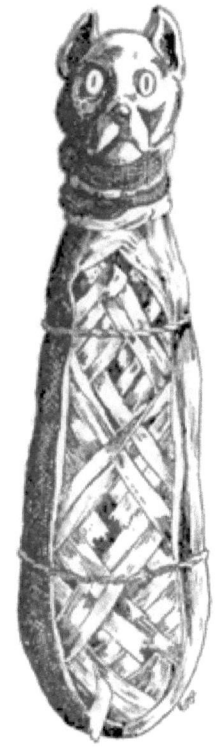

Fig. 1. Katzenmumie.

Auch in Theben zählte die Katze zu den Tempelgottheiten. So berichtet Champollion im ersten seiner ägyptischen Briefe: die von den Griechen genannte Artemisgrotte sei Beni-Hassam-el-aamar gegenüber in den Felsen gehauen und enthalte ein Bildnis der Pacht und umher Katzengräber. Vor dem Heiligtum finde sich eine Reihe von Katzenmumien in Matten geschlagen und weiter zwischen der Thür und dem Nil, in einer öden Gegend, gebe es zwei Niederlagen von Katzenmumien, die zwei Fuß hoch mit Sand überdeckt seien.

Es sollen in den ägyptischen Gräbern soviel Katzenleichen aufgefunden worden sein, daß man mit dem Gedanken umging, diese als Dünger zu benutzen.

(G. Michel, welcher den ägyptischen Katzenkultus mit großer Sachkenntnis studierte, schreibt über die Katzengöttin Pacht, im griechischen zuweilen Acheron genannt, daß sie häufig mit menschenähnlichem Antlitz dargestellt wurde, eine eigentümliche Erscheinung, die vielfach gedeutet und unter anderm durch die Ähnlichkeit erklärt wurde, welche die Katze mit dem Monde besitzen soll. Plutarch sagt darüber, sie stelle den Mond dar, wegen der Buntheit ihres Felles, ihrer Thätigkeit bei Nacht und ihrer Fruchtbarkeit; denn sie gebäre erst ein Junges, dann zwei, drei, vier und fünf und auf einmal sieben, so daß sie im ganzen achtundzwanzig gebäre, welche mit den Tagen des Mondmonats übereinstimmen. Die Pupille der Katze soll voll und weit werden beim Vollmonde und sich wieder verkleinern und an Glanz verlieren beim abnehmenden Monde.

Im Tempel zu Heliopolis wurde nach Horapollon die Katze angebetet; weil die Pupille der Katze dem Laufe der Sonne folgte, war sie dieser geweiht. Wenn eine Katze eines natürlichen Todes starb, so legten die Bewohner des Hauses Trauer an und rasierten sich die Augenbrauen. Mit den kostbarsten Spezereien balsamiert, wurde sie unter feierlichem Gepränge zu Bubastis begraben. Derartige Begräbnisse sollen oft unter ungeheurem Aufwande und großen Kosten vor sich gegangen sein, und Diodor giebt die Bestattungskosten einer Katze in Ägypten mit 9000 Mark an. Diese Verehrung der Tiere, sagt Michel, beeinflußte alle Handlungen der Ägypter, und nach Diodor that man in den Städten diesen Tieren Gelübde und Eltern schoren ihren Kindern entweder den ganzen Kopf oder einen Teil desselben und wogen das Haar mit Silber auf. Dieses erhielt der Wärter des Tieres zu dessen Pflege. Die heiligen Tiere wurden in geheiligten Räumen gepflegt, erhielten warme Bäder, die ausgesuchteste Nahrung und wurden mit den besten Salben gesalbt. Es wurde als eine besondere Ehre betrachtet, die Wartung der heiligen Katzen zu übernehmen, das Bild der angelobten Katze, sagt Michel, wurde auf der Brust getragen und die Achtung der Bürger ging manchmal so weit, daß man als Gruß sich vor diesen Personen zur Erde neigte. Wie weit die Pietät gegen die Katzen ging, hat sich niemals in hellerem Lichte gezeigt, als im Kriege gegen Kambyses. Dieser gewaltsame und ehrgeizige Herrscher vermochte sich nicht eher in Ägypten auszubreiten, bis er im Besitz von Pelusium (das frühere Avaris) war. Wegen seiner starken Befestigung galt dieses als uneinnehmbar. Nach manchen vergeblichen und zurückgeschlagenen Angriffen verfiel

Kambyses auf eine geniale Kriegslist. Wissend, daß die Besatzung der Stadt nur aus Ägyptern bestand und deren abgöttische Verehrung für die Katzen kennend, ließ er beim nächsten Angriff Katzen vor das Heer treiben und seine Soldaten an Stelle des Schildes eine Katze tragen und ohne Gegenwehr und Schwertstreich ergaben sich die Ägypter dem listigen Sieger.

Mit der Zeit muß sich aber die Verehrung und Achtung der Katze bei den Ägyptern so ziemlich verloren haben, denn nach Prisse d'Havennes wurden die wegen Ehebruchs zum Tode verurteilten ägyptischen Frauen mit einer Katze in einen Sack genäht und im Nil ertränkt.

Nicht minder genoß auch die Katze bei anderen Völkern eine große Verehrung. Die Inder verehrten die weiße Katze als das Symbol des Mondes, der die grauen Mäuse, die Schatten der Nacht, verjagte. Bei den Persern gelangte die Katze durch folgenden Fall zu Ansehen. Dem König Gormus, der sich gegen einen Einfall des Prinzen Schebe-Schah, der mit 300000 Soldaten das persische Reich bedrohte, erwehren mußte, weißsagte ein ehrwürdiger Greis, daß er Sieger bleiben würde, wenn er so glücklich wäre, unter seinen Unterthanen einen Mann zu finden, der das Antlitz einer wilden Katze habe. Nach langem Suchen fand man denn auch einen solchen in der Person des Baharam, genannt „Kumin" vom Geschlechte der Prinzen von Rei, welcher die Provinz Abherkigin regierte. Diesem wurde der Oberbefehl übergeben, und mit seinen 12000 Mann, die durch das wunderbare Zeichen im Gesichte ihres Feldherrn angefeuert waren, besiegte er den ihm weit überlegenen Gegner.

Besonders beliebt und verehrt war auch die Katze bei den Arabern. In der Stadt Nabata betete man nach Plinius eine goldene Katze an. Mahomet soll sogar den Zipfel seines Mantels abgeschnitten haben, um die auf demselben eingeschlafene Katze nicht in ihrer Ruhe zu stören. So gab er auch als besondere Auszeichnung seinem getreusten und beliebtesten Anhänger Abborroham den Titel eines „Abuhareira", d. i. Vater der Katzen.

Bei den Römern und Griechen muß die Katze später Eingang gefunden haben, denn erst im 4. Jahrhundert wird dieselbe von römischen und griechischen Schriftstellern erwähnt. Im Götterglauben der Römer scheint sie indes nicht unbekannt gewesen zu sein. In den Metamorphosen von Ovid, 5. Buch, heißt es: „als nämlich die Götter vor den Riesen flohen, nahm Diana die Gestalt einer Katze an und ihr Wagen wurde von Katzen gezogen". Das Töten einer Katze war bei den Römern streng untersagt und wurde mit Todesstrafe geahndet.

Von den Vandalen erwähnt man, daß sie bei ihren Kriegs- und Raubzügen den Kopf einer Katze an ihren Fahnen befestigten. Auch in der Mythe der alten Germanen finden wir die Katze vertreten. Hier war sie das Lieblingstier der Göttin Freya (Gemahlin des Sonnengottes Balbur, Göttin der heiteren Jahreszeiten, der Ehe, der Geburt und Beschützerin des häuslichen Glückes), deren Wagen von Wildkatzen gezogen wird. Im Mittelalter war das Ansehen der Katzen bereits tief gesunken; man sah sie als Zaubertier und Gehilfin der Hexen an, mit denen sie auch in der wahnbefangenen Zeit öffentlich verbrannt wurden. Noch bis zum vorigen Jahrhundert wurden sie beispielsweise in Paris und Metz unter feierlichen Cermonien hingerichtet.

In der englischen Graffschaft Wales wurde im 10. Jahrhundert ein Gesetz erlassen, wonach derjenige, der auf königlichem Gebiete eine Katze tötete oder stahl, zur Zahlung eines Mutterschafes verurteilt ward oder so viel Getreide zu entrichten hatte, um die tote Katze, die mit dem Schwanze so aufgehangen wurde, daß sie mit der Schnauze den Boden berührte, zu bedecken.

Ein ähnlicher Rechtsspruch bestand auch in den sächsischen Bauernwistümern. Im 14. Jahrhundert war in den Klosterregulativen bestimmt, daß die Nonnen keine anderen Tiere halten durften, wie Katzen.

Eltern-, Kinder- oder Gattenmörder wurden nach der kursächsischen Konstitution mit einer Katze in einen Sack genäht und ertränkt.

Nachdem die Katze sich immer mehr als Haustier einbürgerte, verschwand auch allmählich ihre einstige Bedeutung und nur vereinzelt gelangte sie noch durch Bevorzugung hoher und berühmter Persönlichkeiten zu Glanz und Beachtung.

Die Katze in Sage und Märchen.

Es darf nicht überraschen, daß ein Tier, welches bei vielen Völkern in so hohem Ansehen stand und abgöttisch verehrt wurde, im Lauf der Zeit sich mit mythischem Glanze umwoben sah, in den Märchen der verschiedensten Völkerstämme Eingang fand und mit den mannigfachsten Dingen in Berührung gebracht wurde. Viel mag hierzu der eigenartige Charakter der Katze, sowie ihre in der Dunkelheit leuchtenden Augen und die mehr nächtliche Lebensweise beigetragen haben.

In den indischen, ägyptischen, römischen, griechischen und germanischen Sagen tritt die Katze wiederholt in hervorragender Stellung auf. Meist war sie der Göttin der Fruchtbarkeit, der Ehe, der Geburt und der Beschützerin des häuslichen Glücks geweiht, so bei den Ägyptern der Bubastis, bei den Griechen der Artemis und der Freya bei den Germanen; wer daher Katzen pflegte und liebte, durfte auf Schutz und Segen in der Liebe und Ehe hoffen.

In seinen Katzenbriefen giebt Michel folgende Fabel zum Besten: „In dem Augenblick als die Welt erschaffen wurde, wollten Sonne und Mond sich daran beteiligen, und die Sonne schuf den Löwen; der Mond dagegen gab die Katze, die weder an Mut noch an Schönheit den Löwen erreicht und diesem nachstand, wie der Mond seinem Sonnenbruder. Dieser Mißgriff rief spöttisches Gelächter und Unwillen hervor; Gelächter bei den Anwesenden und Unwillen bei der Sonne, die, gereizt durch die Anmaßung des Mondes, sich ihr gleichstellen zu wollen, als Zeichen der Verachtung die Maus schuf. Aber der Mond, aufgeregt durch den Hohn seiner Umgebung, setzte das häßlichste von allen Tieren, den Affen, in die Welt, und unauslöschliches Gelächter empfing den Unüberlegtgeborenen, wodurch der Mond aufs heftigste ergrimmte und, um sich an der Sonne zu rächen, zwischen Löwe und Affe, Katze und Maus unsterblichen Haß aufkommen ließ."

In der ägyptischen Göttersage begegnen wir verschiedenen Darstellungen der Katze, so war sie im Tempel zu Heliopolis der Sonne geheiligt, weil die Pupille der Katze dem Laufe der Sonne folgt. Die Katzengöttin Pacht wurde häufig mit einem menschenähnlichen

Antlitz dargestellt, dann wieder als weibliche Figur mit einem Katzenkopfe geschmückt mit dem Uräus[1]) und in der Hand eine Art Scepter und auch wiederholt mit einem Männerhaupte in der Hand, als Sinnbild der Gewalt über die Herzen.

Die Inder dachten sich den Mond als weiße Katze und die Bezeichnung für dieselbe „Márgára" bedeutete die sich putzende Katze, auch Reiniger der Nacht. Sie beschützt als weiße Katze die unschuldigen Wesen und verfolgt dieselben als schwarze Katze. In der vierten Fabel der Hitopadeca tritt die Katze „Dirghakarna" an dem Ufer der Bagirathi zu dem durch die Härte des Schicksals blindgewordenen und auf einem Feigenbaume horstenden Geier „Tcharoldgava", dem die auf dem Baume nistenden Vögel aus Mitleid etwas zu seinem Unterhalt gaben und sucht unter scheinheiligen Vorspiegelungen die Gastfreundschaft auf. Diese wird ihr dann auch nach dem Austausch verschiedener moralischer Sinnsprüche gewährt und zum Dank raubt und schleppt sie die jungen Vögel in die Höhle des Baumes, um sie zu verzehren. Nachdem sie Unrat merkt, schleicht sie sich heimlich von dannen und die wiederkehrenden Vögel finden die Knochen ihrer Jungen, worauf sie den Geier als vermeintlichen Übelthäter umbringen.

Als Richter zwischen Sperling und Hasen tritt sie unter dem Namen „Dabhikarna" im Pantschatantra auf. Der Hase Namens „Sighragu" besetzt in Abwesenheit des Sperlings „Kapindschala", der sich auf den Reisfeldern gütlich thut, dessen Höhle. Zurückkehrend fordert Kapindschala den Hasen auf, die widerrechtlich in Besitz genommene Wohnung zu verlassen und da beide sich nicht einigen können, kommen sie überein, einen Rechtsgelehrten zu befragen. Die Katze „Dabhikarna", welche auf einer Insel der Gangá in Buße, Kasteiung, Gelübde und tiefer Andacht lebt, soll den Streit entscheiden. Nachdem sie die Unterhaltung der Streitenden belauscht, geht sie zu dem Ufer eines nahen Flusses und eine Handvoll heiliges Gras mit den zwölf heiligen Flecken versehen, haltend, ein Auge zukneifend, die Arme in die Höhe gehoben, nur mit einem halben Fuß den Boden berührend und das Gesicht der Sonne zugewandt, spricht sie einige Sittensprüche, auf die hin ihr die vertrauensseligen

---

[1]) Eine Giftschlange, die als Symbol der ägyptischen Königswürde an der Krone getragen wurde.

Streiter nahen, und im selben Augenblick packt sie den einen mit dem Ende des Fußes, den anderen mit dem sägeartigen Gebiß und frißt sie auf.

Über eine bußfertige Katze ist im Mahâbhârata eine interessante Fabel. An dem Ufer des Ganges flößt die Katze durch die Kasteiung den Vögeln Vertrauen ein, die sich um sie sammeln und sie verehren. Nach einiger Zeit folgen die Mäuse diesem Beispiel und stellen sich unter den Schutz der Katze und diese wählt aus ihnen jeden Tag ihre Mahlzeit, indem sie einige veranlaßt, ihr zum heiligen Strom zu folgen. Der Mäuse werden immer weniger und nun beschließt eine weiße Maus, ihr von ferne unbeobachtet zum heiligen Strome zu folgen, doch auch diese wird von der schlauen Büßerin erwürgt und verzehrt; nun merken die Übrigen, wie sie mit der scheinheiligen Beschützerin dran sind und verlassen schleunigst den gefährlichen Ort.

Bei den Römern tritt die Katze zuerst als Sinnbild der Unabhängigkeit auf. In dem durch die Bemühungen des Tiberius Gracchus zu Rom errichteten Tempel der Freiheit stand die weißgekleidete Göttin, in der Hand das Scepter, in der andern eine Mütze haltend und ihr zu Füßen als Sinnbild der Freiheit eine Katze.

In der germanischen Mythe sollte Thor in seinen Wettkämpfen bei den Riesen auch eine schwarze Katze vom Boden wegheben, aber er vermochte nur ein Hinterbein derselben zu heben und die Riesen erzitterten darob, denn die Katze war das verzauberte Weltmeer, das bereits über die Erde hereinzufluten drohte.

Bei den Lappländern wird die schwarze Katze als Hausgeist (Verwandlung eines verstorbenen Ahnen) und Orakel betrachtet, ohne dessen Rat nichts unternommen wird.

In den Volkssagen der Oberpfälzer wird die Katze „Wana" (Teufelswana) genannt, wahrscheinlich im Zusammenhang mit den nordischen Halbgöttern, „Wanen".

In Oldenburg geht die Sage, daß, wenn ein Fieberkranker die Katze mit ins Bett nimmt, das Fieber abnimmt; wird das Tier aber bedauert, so kehrt das Fieber zurück.

Eine weiße gespenstige Katze („Milchkätzchen") zeigt, wenn sie außen am Fenster erscheint und schnurrt, einen baldigen Tod an; das gleiche bedeutet im deutschen Aberglauben eine schwarze Katze.

In Ungarn sollen die Hexen auf Katzen reiten und man kann diese davon befreien, wenn man ihnen einen kreuzartigen Einschnitt ins Fell macht. Ebenso reiten die Hexen in Begleitung schwarzer Katzen in der Walpurgisnacht auf den Brocken.

Im Toskanischen ist man von dem Wahn befangen, daß, wenn jemand stirbt, der Teufel in Gestalt einer schwarzen Katze an dem Bett steht.

Überhaupt spielt die schwarze Katze im Aberglauben eine bedeutende Rolle; sie besitzt Zauberkraft, ist wahrsagend und dient zum Geldzauber, wie sie denn auch die unzertrennliche Begleiterin der auf die Dummheit spekulierenden alten wahrsagenden Weiber ist. In den unrühmlichen und bedauernswerten Hexenprozessen, die der Wahnwitz und Aberglaube vergangener Jahrhunderte heraufbeschwor, wurden auch die Katzen mit den Hexen zusammen auf Scheiterhaufen verbrannt.

In Sizilien bedeutet das Miauen der Katze, während von den Seeleuten der Rosenkranz gebetet wird, eine widrige Fahrt.

Wenn die Katze sich putzt giebts Regen, macht sie einen Buckel, dann kommen Gäste. Fährt sie sich mit den Pfoten über die Ohren, so giebts vornehmen Besuch oder Regen. Wenn sie Brotkrumen liegen läßt, giebt es billiges Korn. Vor mancherlei Unglück wird das Haus von einer dreifarbigen Katze beschützt; das Feuer kann man löschen, wenn man eine Katze hineinwirft. Vergräbt man eine Katze unter jemandes Thür, so bringt dies Unglück ins Haus ꝛc. Der Aberglaube hat sich der Katze wie keines anderen Tieres bemächtigt und das Vertrauen auf die ihr zugedachten Vorzüge und ihre Zauberkraft war ein felsenfestes.

In der Heraldik begegnet man der Katze als Sinnbild der Unabhängigkeit und Freiheit; die Römer, Griechen und Vandalen führten sie in ihren Fahnen, ebenso findet man sie mehrfach als Helmkleinodien oder als Wappentier ꝛc.

In den Märchen der verschiedenen Völker wird die Katze vielfach in irgend einer Hauptrolle dargestellt. Am bekanntesten ist dasjenige vom gestiefelten Kater, das weiße Kätzchen (Norddeutsche Sagen von Kühn und Schwarz); in einem norwegischen Märchen von Asbjörnsen übernimmt die Katze ebenfalls eine führende Rolle, so auch in denjenigen der Mad. d'Aulnoy in „La Chatte" und in den italienischen von Gagliufo.

Victor Scheffel giebt in seinem „Ekkehard" über „Etzel und seine Katze" eine märchenhafte Erklärung, aber auch in Shakespeares „Macbeth" wird sie in Verbindung mit den Hexen und deren Zauber erwähnt.

Es würde zu weit führen, alle die existierenden, unzähligen Märchen der verschiedenen Länder auch nur im Auszug zu bringen, aber immerhin geben sie den Beweis, wie der dichterische Volksgeist mit Vorliebe einen Zauberschleier um die jetzt so vielgeschmähte, mißachtete und verfolgte Katze wob.

Die Katze im Sprichwort.

In den Sprichwörtern der verschiedensten Völker hat die Katze eine auffallende, ausgedehnte Anwendung gefunden, die meist das Wesen und die Eigenart derselben charakterisieren. Es zeigt sich in den meisten Sprichwörtern die erfinderische Gabe der Völker, durch moralische Wahrheiten und gemachte Erfahrungen die Eigenschaften der Tiere in sinnlich-anschaulicher Weise darzustellen. Namentlich reich an diesbezüglichen Sinnsprüchen auf die Katze ist die deutsche Litteratur, und Wander allein hat in seinem Sprichwörter-Lexikon mehr als 1000 Sprüche über die Katze gesammelt. Die meisten Sinnwörter sind volkstümlich 'und alten Ursprungs; sie geben sonach erneuten Beweis von der Beliebtheit und dem Ansehen der Katze in früheren Zeiten, wo sie vom Minnesänger und Fabeldichter besungen wurde.

Eine kleine Auslese der bekanntesten Sprichwörter soll hier folgen; die vollständige Aufführung der von Wander gesammelten muß unterbleiben, um so mehr die angeführten zu den häufigsten und im Volksmunde gebräuchlichsten zählen und uns einen genügenden Einblick gestatten.

„Ein fromb Kätzlein, böse Katzen."
„Die Katz' und die Frauen haben sieben Leben."
„Die Katzen, die genascht haben, sehen sich umb."
Hans Sachs sagt von einem bösen Weibe: „Wann sie war auch eine naße Katz und gab dem Scherer auch ein Platz".
„Wer mit Katzen spielt, muß sich gefallen lassen, wenn er gekratzt wird."
„Das sind die wahren Katzen, die erst schmeicheln, dann kratzen."
„Die gebrühte Katze scheut auch das kalte Wasser."
„Es ist eine nasse Katz."
„Die Katze hat neun Leben, die Zwiebel und das Weib sieben Häute."
„Ist die Katze aus dem Haus, so tanzen die Mäuse auf den Bänken."
„Wenn die Katze nicht zu Hause ist, sind die Mäuse Herren im Hause."
„Wenn der Kater nicht zu Hause, haben die Mäuse Kirchweih."
„Wenn die Katzen fort sind, sind die Mäuse Meister."
„Eine Katze in der Kehle haben", bedeutet so viel, wie unrein singen.
„Er muß die Katz' durch den Bach ziehen." (Bezug auf eine frühere Ehrenstrafe.)
„Katzen und Herren fallen immer auf die Füße." (Sich mit Geschick aus einer unangenehmen Situation ziehen.)
„Die Katze läßt das Licht fallen und läuft der Maus nach." (Soviel, wie die Eigenart nicht zu verleugnen.)
„Von alten Katzen lernen die jungen das Mausen." (Geschicklichkeit.)
Luther sagt: „Der Katze Scherz ist der Mäuse Tod".
„Die Katze sieht ja wohl den Kaiser an." (Soll eine Unverschämtheit bezeichnen.)
„Die Katze läßt das Mausen nicht." (Ein Zeichen der Unverbesserlichkeit.)
„Die Katze wird nächstes Jahr auch noch mausen."
„Wer keine Katze leiden mag, bekommt keine schöne Frau."
„Eine schlafende Katze soll man nicht aufwecken." (Soviel, wie einen gefährlichen Menschen nicht unnötig reizen.)

„Niemand will gern der Katze die Schelle umbinden."

„Er ißt am Katzentischchen." (Zur Strafe allein und abgesondert essen.)

„Man muß die Katze nicht im Sack kaufen." (Nichts unbesehen kaufen oder zusagen.)

„Raus mit der Katz' aus dem Sack."

„Ich kaufe keine Katze im Sack."

„Geht wie die Katze um den heißen Brei." (Unschlüssig, zaghaft.)

„Verträgt sich wie Hund und Katze." (Streitsüchtig, unverträglich.)

„Ich will nicht die Katzenpfote sein, um seine Kastanien aus dem Feuer zu holen." (So viel, wie für andere sich nicht die Finger verbrennen.)

„Der fällt auf die Füße wie eine Katze."

„Da sieht man die Katzenpfote." (Boshaft.)

„Du Katzenkopf." (Schimpfwort.)

„Die Katze ist der beste Hausfreund."

„Die Katze hats gethan."

„Sobald die Katzen ihre Schuhe anhaben." (Frühzeitig etwas unternehmen.)

„Reinlich wie ein Katzentopf." (So viel wie unsauber.)

„Eine blinde Katze fängt selten eine Maus."

„Wenn die Katzen sich waschen, wirds regnen."

„Wie eine Katze schreiben." (Unleserlich.)

„Katzenkinder fangen gern Mäuse."

„Das macht der Katze keinen Buckel."

„Katzenbuckel."

„Etwas ist soviel wie Katzendreck."

„Die Katze beim Speck einsperren."

„Ein Katzenleben." (Hindeutung auf ein zähes Leben.)

„Du Katzengesicht." (Schimpfwort.)

Aus dieser kleinen Auslese läßt sich erkennen, in welch mannigfacher Beziehung die Katze zu dem Thun und Lassen der Menschen gebracht wurde, wie man Tugenden und Untugenden mit dem Gebahren derselben zu identifizieren sich bemühte und wie treffend und schlagend oft die Charakterisierung ausfällt.

Würde die Katze in früheren Zeiten nicht so eng mit dem Menschen in Berührung gestanden haben, würde sie nicht von diesem in so hohem Grade verehrt und geliebt worden sein, unmöglich hätte sich dann der Volksmund so eingehend und bei jeder Gelegenheit mit ihr beschäftigt, denn kein anderes Haustier, selbst der Hund nicht, genießt in dieser Richtung einen so hohen Vorzug wie gerade die Katze.

Doch nicht allein der deutsche Volksmund und das deutsche Sprichwort weist diese reichhaltige Sammlung auf, dieselbe wiederholt sich vielmehr in den verschiedensten Variationen bei den Franzosen, Italienern, Spaniern, Griechen, Türken, Kroaten, Tschechen ꝛc. und selbst bei den schwarzen Völkerstämmen Afrikas.

Naturgeschichtliches.

Die Hauskatze unterscheidet sich von der Wildkatze sowohl anatomisch wie physiologisch und beide gehören daher verschiedenen Arten an, wodurch auch der Beweis erbracht wird, daß die Wildkatze nicht die Stammutter der zahmen Katze sein kann. Anatomisch sind die unterscheidenden Merkmale zwischen beiden Arten folgende:

Schädelbildung (Fig. 2 u. 3): Die Nasenbeine gehen bei der Wildkatze weiter nach hinten zwischen die Stirnbeine hinein vor, wie die Oberkieferbeine; bei der Hauskatze dagegen dringen die Nasenbeine nicht so weit nach hinten zwischen die Stirnbeine, als die Oberkieferbeine. Bei der Wildkatze sind die Gaumenlöcher am Hinterrande der Zwischenkieferbeine rundlich, mehr länger als breit, während dieselben bei der zahmen Katze mehr länglich schmal und mehr wie doppelt so lang als breit sind.

Gebiß: Im Oberkiefer tritt der zweite Lückenzahn bei der Wildkatze mit seiner hinteren Hälfte so weit nach außen vor, wie der Reißzahn mit seiner vorderen Hälfte, wogegen bei der Hauskatze der Lückenzahn nicht weiter nach außen vorsteht, als der Reißzahn mit seinem vorderen Ende. Ferner wendet sich bei der Wildkatze

14 Naturgeschichtliches.

die letzte Spitze des oberen Reißzahnes soweit nach außen, daß sie über die Richtung des zweiten Lücken- und des Reißzahnes nach außen ziemlich vorsteht. Hingegen ist diese Spitze bei der Hauskatze

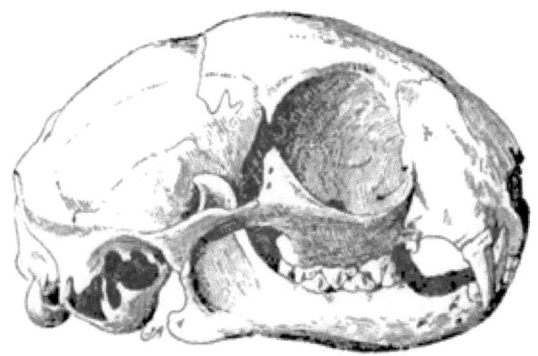

Fig. 2. Schädel der Wildkatze.

so weit nach innen gerichtet, daß sie nicht über die Richtung der Spitze des Reiß- und zweiten Lückenzahnes vortritt. Erwähnt sei noch bezüglich des Gebisses, daß der niedrige Höcker am oberen Reißzahn bei der Hauskatze über die Richtung der beiden in der

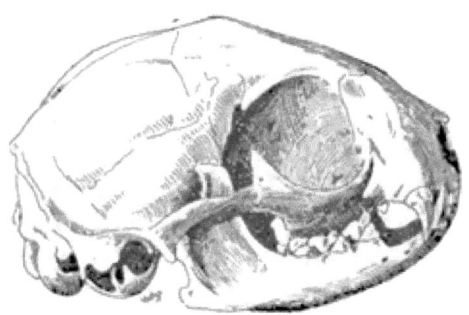

Fig. 3. Schädel der Hauskatze.

hinteren Hälfte dieses Zahnes vorkommenden Höcker hinaus nach innen liegt. Obschon diese Eigentümlichkeit bei der wilden Katze durch die Abnutzung derselben mit der Zeit ziemlich schwindet, ist sie doch im Vergleich mit dem Schädel der Hauskatze wahrzunehmen.

Das Gebiß zeigt bei beiden Arten 30 Zähne, von denen aber fast regelmäßig zwei bis vier und zwar die ersten und letzten Backenzähne ausfallen. Unter den Raubtieren hat demnach das Katzengebiß die geringste Zahl an Zähnen.

In Bezug auf den Skelettbau, Fig. 4, sind wesentliche Unterschiede nicht wahrzunehmen, denn beide Katzen haben 7 Hals-, 13 Rücken-, 7 Lenden- und 3 Steißwirbel. Als besonderes Unterscheidungsmerkmal zwischen Wild- und Hauskatze kann die Rute angesehen werden; dieselbe zählt bei ersterer 22, bei letzterer 21 Schwanzwirbelknochen, und während bei der wilden Katze die

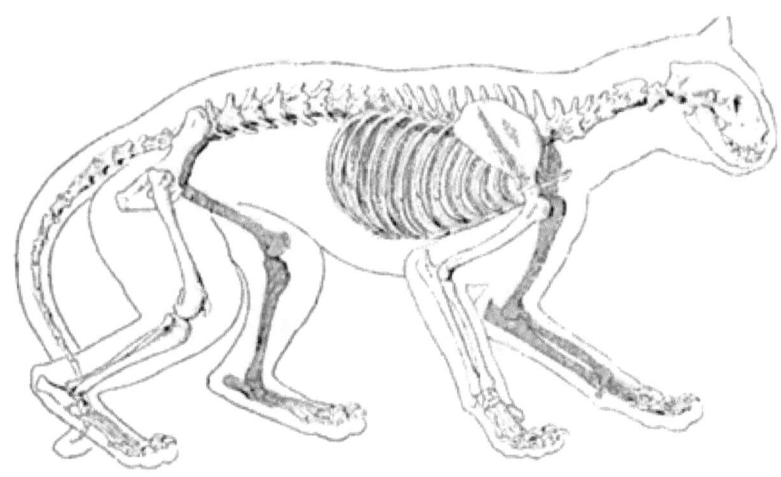

Fig. 4. Skelett der Katze.

Rute halb so lang wie der Körper und bis zu ihrem Ende gleichmäßig dick und behaart ist, ist die Rute der zahmen Katze wenig länger als die Hälfte des Körpers und läuft in eine Spitze aus.

Auch in der Färbung existiert ein wesentlicher Unterschied, selbst im Vergleich zu einer „verwilderten" Hauskatze. Die Grundfarbe ist bei der Wildkatze immer rötlich-grau, wogegen die Hauskatze stets asch- oder blaugrau erscheint. Es kommen nun noch die untrüglichen Färbungsmerkmale der Wildkatze in Betracht; diese sind der gelblich-weiße Fleck an der Kehle, die gelbe Farbe an den Pfoten und der Innenseite der Hinterläufe, wie auch die dunkelfarbigen, fast schwarzen Sohlen.

Erwähnenswert ist ferner noch, daß der Darmkanal der Hauskatze fünfmal, der der Wildkatze aber nur dreimal so lang wie der Körper ist. Sowohl die Bildung des Gebisses wie die der inneren Teile weisen darauf hin, daß die Katzen im allgemeinen Fleischfresser sind. Bei Pflanzenfressern besteht die Verdauung mehr in einer Zerreibung der Nahrung, bei ausschließlichen Fleischfressern dagegen findet in der Verdauung mehr ein Zersetzungsprozeß statt. Da nun die Hauskatze eine mehr gemischte Nahrung zu sich nimmt, erklärt sich auch deren größere Darmlänge im Gegensatz zu der nur Fleisch fressenden Wildkatze.

Von besonderer Wichtigkeit sind noch die Bildung der letzten Zehenglieder und der Nägel, die bei allen Katzen — analog anderen Raubtieren — in der Ruhe aufrecht getragen werden. Es dürfte dies nur zur Schonung der Krallen dienen, deren Spitzen dadurch nicht abgenutzt werden und stets scharf bleiben. Die Krallen sind in besonderen Hautfalten verborgen und hierdurch erscheint der Katzenfuß voll und rund und kürzer als er in Wirklichkeit ist. Die Kraft des Tatzenschlages und die schnelle Bewegung wird durch starke, sehnige Bänder ermöglicht und die Katze vermag durch diese und die Schärfe ihrer Krallen tiefe und schwere Wunden zu schlagen. Bei Katzen, die wenig Bewegung haben, kann man oft genug wahrnehmen, daß sie durch Aufkrallen und Kratzen an allen möglichen und erreichbaren Gegenständen die Krallen und deren Bänder in Übung halten.

Die Gesamtmuskulatur der Katzen überhaupt zeigt eine hochentwickelte Gleichmäßigkeit, wie solche kaum bei anderen Säugetieren nachzuweisen ist; besonders stark und fleischig sind die Beinmuskeln, die ihre größte Dicke in der Mitte entwickeln, wodurch die Katze eine bedeutende Schnelligkeit erlangt, aber wenig ausdauernd ist. Die Kau- und Nackenmuskeln sind besonders stark, und letztere geben dem Katzengeschlecht auch die Fähigkeit, selbst auf weite Strecken ihre oft schwere Beute im Maule fortzutragen.

Der Katzenkörper erscheint seitlich etwas zusammengedrückt, der Bauch hängt etwas tief, der Brustkorb ist schmal, so daß die Katze, von oben gesehen, ziemlich dünn ausschaut.

Das Äußere der Katze ist allgemein bekannt und braucht deshalb nur kurz berührt zu werden.

Die allgemeine Erscheinung zeigt einen regelmäßigen Körperbau, vereint mit Zierlichkeit und Anmut. Der Kopf ist ziemlich rund, oben glatt mit wenig vortretender Schnauze, Backen dick, Nase klein, eckig und vorn mit einer leichten Furche; das Auge groß, rund und besitzt die Fähigkeit auch in der Nacht und im Dunkeln durch Erweiterung der Iris die Gegenstände genau zu unterscheiden. Die Ohren haben eine dreieckige, aufrechtstehende Form mit abgerundeter Spitze und sind im Innern länger behaart, wie auf der Außenseite. Der Kopf sitzt auf starkem, rundem und muskulösem Halse.

Der langgestreckte, seitlich gedrückte Rumpf mit etwas tiefhängendem Bauche ruht auf mittelhohen, kräftigen Beinen, die Pfoten sind rund und prankenartig, wie bei den Katzenraubtieren. Die Nägel bestehen in scharfen, spitzen, zurückziehbaren Krallen. Die fleischigen Fußsohlen, die zwischen den Zehenräumen lang behaart sind, ermöglichen ein geräuschloses Einherschleichen. Der Schwanz ist lang, gleichmäßig behaart und endet in eine mäßige Spitze. Der Pelz resp. das Haar ist kurz und weich und die Färbung desselben sehr verschiedenartig. Diese kurze Beschreibung bezieht sich nur auf die Hauskatze (Felis domesticus), auf deren Abarten wir noch in einem anderen Abschnitt zurückkommen werden.

Physiologisch ist zu erwähnen, daß die Wild- und Hauskatzen sich zwar in der Gefangenschaft paaren und auch Nachkommenschaft erzielen, daß aber diese Bastarde unter sich in der Regel unfruchtbar sind und selbst wenn Nachzucht von diesen erzielt wird, diese als nicht lebensfähig gilt.

Die Abstammung der Hauskatze.

Die Annahme, daß unsere Hauskatze von der Wildkatze (Felis catus) abstamme, hat durch die Forschungen Rüppels längst ihre Widerlegung gefunden. Der genannte Forscher entdeckte die Falbkatze (Felis maniculata) in Nubien bei Ambukol auf der Westseite des Nils, in einer mit felsigen und buschigen Gegenden durchzogenen

Wüstensteppe, und stellte auf Grund eingehender Vergleichungen und Messungen diese als die Stammmutter der Hauskatze auf. Der Vergleich mit den in ägyptischen Ruinen und Gräbern gefundenen Katzenmumien und der auf den Denkmälern von Theben dargestellten Katzenart hat die fast vollständige Übereinstimmung mit der Falbkatze dargethan. Besonders die Schädelbildung läßt kaum einen Zweifel aufkommen; der einzige Unterschied liegt in den dünneren Knochen des Falbkatzenschädels, ein Vorkommnis, das bei allen wildlebenden Tieren gegenüber den verwandten, in der Domestikation gezüchteten, zu beobachten ist.

Die Falbkatze ist demnach auf alle Fälle diejenige, die von den alten Ägyptern als Haustier gehalten und gezüchtet wurde und aus welcher im Verlaufe der Jahrtausende durch Zuchtwahl, klimatische Verhältnisse und veränderte Lebensweise die heutige Hauskatze mit ihren verschiedenen Varietäten hervorgegangen ist. Die nach Rüppel kommenden Forscher haben die Falbkatze dann später auch im ganzen Sudan und in Abessinien, selbst im Innern Afrikas und sogar in Palästina gefunden, und die Vermutung mag daher berechtigt sein, daß die ägyptischen Priester die als heilig geltende Katze aus dem südlichen Nubien nach Ägypten brachten, von wo aus sie mit der Zeit über Arabien, Syrien, dann Griechenland und Italien nach dem westlichen und nördlichen Europa verbreitet wurde.

Über die Abstammung der Hauskatze schreibt Michel unter anderem folgendes: „Es läßt sich mit vieler Bestimmtheit annehmen, daß es dieselbe Art ist, welche von den alten Ägyptern zur Hauskatze gezähmt wurde. Und in der That hat die Katze etwas ägyptisches in ihrem Wesen; das Verschlossene, Stumme, Ahnungsvolle, das nach Hegel vielen Tieren eigen ist, ist ganz besonders in ihr fühlbar. Dieses Tier so vollkommen zu zähmen, so ganz zum Haustier zu machen, konnte nur dem ernsten und langmütigen Ägypter gelingen und war die Arbeit von Jahrhunderten. Durch viele Generationen dieses Tieres hindurch entwickelte sich bei den Ägyptern durch den Einfluß einer liebevollen, behutsamen Pflege aus der scheuen, wilden Katze, deren Geschlecht gerade am wenigsten zur Zähmung angelegt scheint, unsere heutige, sich uns eng anschmiegende Hauskatze. Es ist daher zu vermuten, daß eben dieser große Aufwand an Kraft und Ausdauer von seiten der Ägypter, ferner die

Seltenheit und Nützlichkeit der Katze die Ursache ihrer Heiligung waren, und somit hätte der religiöse Aberglaube einmal der Kultur Nutzen gebracht, anstatt ihr — wie es sonst zu geschehen pflegt — zu schaden.

Aber ein Glück war es, daß die Weiterverbreitung der ägyptischen Katze noch vor dem Ende des römischen Reiches und vor dem Einbruch des islamitischen Sturmes stattfand, sonst hätte mit der Vernichtung des gesamten alten Ägyptens und dem Untergang seiner religiösen Vorstellungen und Sitten auch die Ausrottung dieses Haustieres erfolgen und vielleicht nie wieder ersetzt werden können."

Die Verbreitung der Hauskatze ist sicher durch die Einwanderung der von Asien kommenden Rotten zur Zeit der Völkerwanderung wesentlich unterstützt worden. Allgemeiner wurde sie aber in Europa erst gegen Ende der Kreuzzüge. Im nördlichen Europa soll sie im zehnten Jahrhundert noch wenig bekannt gewesen sein, und in einer Gesetzsammlung von Wales zur damaligen Zeit lautet eine Bestimmung von Howell Lebon (Howel the Good), daß der Wert einer jungen Katze, die noch nicht gemaust, auf zwei Pence, einer Katze aber, die schon Mäuse fängt, auf vier Pence festzusetzen sei. Im Anbetracht der damaligen Zeitverhältnisse war dies ein sehr hoher Preis.

Brehm erwähnt noch, daß die Hauskatze der Jemenesen und Araber an der Westküste des roten Meeres eine auffallende Ähnlichkeit in Bezug auf Färbung, Schlankheit und Schmächtigkeit mit der Falbkatze aufweist und daß von diesen aus aller Wahrscheinlichkeit nach die gezähmte Katze ihre Verbreitung durch wandernde Europäer nordwärts gefunden habe. Eine weitere Begründung bringt Schweinfurth durch seine Mitteilung, daß die Falbkatze bei den Njam-Njam häufiger als in irgend einem anderen Teile Afrikas zu finden sei, und schließt daraus, daß ihre eigentliche Heimat das tiefe Innere des dunkeln Erdteils oder dieser doch als der Kernpunkt des Verbreitungskreises anzusehen wäre. Wirkliche Hauskatzen besitzen die Njam-Njam nicht, sondern sie begnügen sich mit halb- oder ganz gezähmten Falbkatzen, die von Knaben eingefangen, in der Nähe der Behausungen angebunden und in kürzester Zeit zahm werden, sich an die Hütten der Eingeborenen gewöhnen und mit Eifer dem Fange der um und in den Wohnstätten massenhaft vorkommenden Mäuse obliegen.

Die Falbkatze (Felis maniculata).

(Fig. 5.)

Die Falbkatze bewohnt die verschiedensten Gebiete Afrikas und zwar östlich bis zum Innern und tief nach dem Süden zu. In ihrem Äußeren zeigt sie mit der Hauskatze viel Übereinstimmung.

Fig. 5. Falbkatze (Felis maniculata).

Ihre Körperlänge beträgt mit Einschluß des 25 cm langen Schwanzes 75 cm; sowohl im Körperbau wie besonders auch in der Zeichnung erinnert sie an manche Spielarten unserer Katze. Die Farbe des Pelzes ist oberseits fahlgelblich oder fahlgrau, auf dem Hinterkopf und dem Rückenfirst etwas rötlicher, an den Seiten heller und nach dem Bauche zu ins Weißliche übergehend. Auf dem Rumpfe erscheinen schmale, verwaschene dunkle Querstreifen, die an den Beinen markanter hervortreten, und am Oberkopf und im Nacken zeigen sich acht schmale Längsbinden. Der Schwanz ist auf dem oberen Teile fahlgelb, unten weiß, endet in eine schwarze Spitze und weist vor derselben drei breite schwarze Ringe auf.

Die Falbkatze ist ziemlich schlank und etwas hochbeiniger wie die Hauskatze im allgemeinen, ungemein beweglich und gewandt. Jung aus dem Nest genommen sollen sie sich leicht zähmen lassen und ihrem Pfleger sehr zugethan werden. Trotzdem gelangt sie sehr selten nach Europa, und eine einzige hatten wir vor Jahren in einer größeren Tierhandlung Hamburgs zu sehen Gelegenheit. Vermutlich war es ein noch jüngeres Stück, da es nicht nach Art der Wildkatze bei Annäherung unsinnig im Käfig herumtobte, fauchte, hieb und zu beißen suchte, sondern sich unter behaglichem Schnurren an dem Käfiggitter rieb und sich ruhig das Fell krauen ließ.

In der Lebensweise macht die Falbkatze keinen Unterschied von wildlebenden Verwandten; sie ist wie diese äußerst vorsichtig und schlau und ebenso mordgierig und beutelüstern. Sie beschleicht ihre Beute unter Wind, sich geräuschlos drückend, um im geeigneten Augenblick mit sicherem Sprung ihr Opfer zu überfallen und mit kräftigem Tatzenschlag zu strecken. Sie behandelt ihren Raub nach Art der größeren Katzenraubtiere. Der Anprall erfolgt mit der ganzen Wucht des Körpers, ein Schlag mit der Tatze genügt, um die Beute zu betäuben, unter behaglichem Knurren und Fauchen nimmt sie diese ins Maul, beißt einige Male schnell zu, öffnet den Rachen ein wenig, um sofort zuzubeißen, falls sie noch ein Lebenszeichen an dem gequälten Gefangenen bemerkt, und verzehrt diesen dann ohne alle Gier in größter Gemütsruhe und Behaglichkeit. Ihre Streif- und Raubzüge scheint sie aber mehr auf ebener Erde auszuführen und weniger zu baumen und zu klettern, wie die europäische Wildkatze; sie ist mehr Steppen- und Wüstentier.

Die Falbkatze macht wirklich einen angenehmen Eindruck, nur schade, daß sie selten auf dem europäischen Tiermarkt erscheint, sie würde gewiß Liebhaber finden, die sich mit ihrer Zähmung und Zucht befaßten.

Die Wildkatze (Felis catus).

(Fig. 6.)

Die Wildkatze, welche auch in unserem engeren Vaterlande noch nicht ausgerottet ist, unterscheidet sich von der Hauskatze wesentlich. In der ungefähren Größe eines Fuchses ist ihr Kopf dicker, der Leib gedrungener, der Schwanz kürzer, voller und am

Fig 6. Wildkatze (Felis catus).

Ende stumpfer wie bei der Hauskatze. Hierzu kommt noch der gelblichweiße Kehlfleck, die dunkelfarbigen oder schwarzen Sohlen und die schwarze, bestimmte Ringelzeichnung der Rute; alles andere ist bereits unter „Naturgeschichtliches" erwähnt.

Vereinzelt bewohnt sie in Deutschland die waldreichen Mittelgebirge, so z. B. den Harz, Thüringer-, Franken-, Böhmer-, Oden- und Schwarzwald, wie auch das Erzgebirge, die Rhön, die hessischen und rheinischen Gebirge. Von diesen aus unternimmt sie oft weite

Wanderungen in die Wälder der Ebene und richtet dort große Verheerungen unter dem Wildstand an. Nach dem Süden zu wird sie häufiger und zählt in den Alpen und österreichischen Kronländern, wie auch auf dem Balkan nicht zu den seltenen Erscheinungen. Nördlich geht sie bis Skandinavien und Rußland hinauf, wogegen sie im hohen Norden ganz fehlt.

Dichte, zusammenhängende und felsenreiche Waldgebiete sind ihr wegen der dort herrschenden Ruhe die liebsten Aufenthaltsorte und sie versteht es meisterlich, sich in den sicheren Schlupfwinkeln der Felsen, in Dachs- und Fuchsbauten und hohlen Bäumen jeder Nachstellung zu entziehen. Dort schlägt sie auch ihr Wochenbett auf und bringt ihr, bei der Geburt noch blindes Geheck unter. So lange sie ohne sonderliche Mühe sich an kleinem Wild: Kaninchen, Eichhörnchen, Mäusen, Vögeln c. gütlich thun kann, vergreift sie sich selten an größeren Tieren, doch sind diese keineswegs sicher vor ihr. Während sie ihr Geheck zu versorgen hat, fällt ihr mancher Hase, manches Wildkalb c. zur Beute.

Bei strengem, anhaltendem Winter versucht sie auch wohl in die Scheunen der in der Nähe der Waldungen befindlichen Gehöfte einzudringen und dortselbst ihr Winterlager aufzuschlagen. Dann aber wehe den schlechtverwahrten Taubenschlägen und Hühnerställen! Ihre regelmäßigen, nächtlichen Besuche lichten den Bestand auf erschreckende Weise.

Die Jagd auf Wildkatzen ist meist eine zufällige; gelegentlich wird sie auf Treibjagden und beim Buschieren erlegt, am sichersten bei einer „Neuen", wenn der frischgefallene Schnee die Spuren bis zu ihrem Lager zeigt. So lange sie dem sie verfolgenden Jäger ausweichen kann, geschieht es sehr geschickt, denn sie versteht es, sich meisterlich zu drücken. Von Hunden gejagt, baumt sie, in die Enge getrieben, auf und es gelingt ihr wohl in dichten Beständen, von Baum zu Baum springend, sich vor den Hunden zu salvieren. Ist ihr aber ein Entrinnen unmöglich geworden, so setzt sie sich den Hunden gegenüber energisch zur Wehr, und oft mit Erfolg. Ihr zähes Leben verlangt zur schnellen Beendigung einen guten und wirksamen Schuß, da Fälle bekannt sind, daß sie verwundet, selbst den Jäger angegriffen hat. Ihrer außerordentlichen Vorsicht wegen sind aufgestellte Fallen von geringem Erfolg und nur gelegentlich fängt sie sich in solchen.

In einer wohlgepflegten Jagd, so auch besonders in Fasanerien, ist sie entschieden eines der schädlichsten bei uns vorkommenden Raubtiere.

Jung eingefangen, ist die Wildkatze bis zu einem gewissen Grade zähmbar, doch ist ihr nie recht zu trauen; bei alt gefangenen Wildkatzen dürfte die Zähmung verlorene Liebesmüh sein.

Für den Katzenfreund hat es immer etwas Anziehendes, wenn er durch Zufall in den Besitz junger, hilfloser und für ihr ferneres Fortkommen unfähiger Wildkatzen gelangt, um an diesen all seine Sorgfalt und Mühe zu verschwenden, sich an ihrer Aufzucht und ihrer Weiterentwickelung sowie an ihrem späteren Benehmen in der Gefangenschaft zu ergötzen.

Die Aufzucht junger Wildkatzen ist nicht allein eine interessante, sondern mehr noch eine höchst schwierige zu nennen, da sie trotz aller Sorgfalt und peinlicher Aufmerksamkeit schwer durchzubringen sind, nie ihren wilden Charakter ganz ablegen und nur bis zu einem gewissen Grade zahm werden. Dagegen kommt mit zunehmendem Alter die ganze natürliche Bosheit und Wildheit wieder zum Durchbruch, und selbst der Pfleger ist nie sicher vor ihrem Biß und ihren scharfen Krallen. Es bleibt daher immer ein schwieriges Beginnen, junge Wildkatzen aufziehen und zähmen zu wollen, in den wenigsten Fällen mag dies vollkommen gelingen und doch reizen einen die bösartigen aber drolligen Dinger immer wieder zu neuen Versuchen.

Vor zwei Jahren gelangten wir in den Besitz eines Pärchens junger Wildkatzen (nicht verwilderten Hauskatzen), die ein uns bekannter Waldheger noch blind aus dem Neste in einem hohlen Stamme während der Abwesenheit der Alten herausgeholt hatte. Diese, die sich gerade auf Raub befunden hatte, wurde dann auch bald in der Nähe des Nestortes erlegt. Die kleinen Räuber wurden von dem Waldheger mittelst einer Saugflasche mit Ziegenmilch gesäugt, nahmen diese auch an und gediehen vortrefflich, versuchten nachher, als sie das Augenlicht erlangt hatten und herumzukriechen begannen, an dem vorgehaltenen Wildfleisch zu knabbern und gewöhnten sich bald an diese Nahrung. Im Alter von etwa sechs Wochen, kamen die beiden jungen Wildkatzen in unseren Besitz; in der Erwartung, interessante Studien an ihnen machen zu können, hatten wir dieselben erworben. „Kunz" und „Miez" wurde das

Pärchen benamset und erhielt einen geräumigen Käfig im Hunde=
zwinger angewiesen. Als Lager diente eine mit Heu ausgefüllte
Kiste; um Kletterversuche zu ermöglichen, wurde im Käfig ein starker
Baumast angebracht. So war also für die Unterkunft bestens ge=
sorgt. Mehr Kopfzerbrechen machte die Fütterung. Milch in einem
Näpfchen gereicht, wurde gern angenommen, aber an gewöhnliches
Fleisch wollten sie nicht heran; es wurden daher Mäuse und Spatzen
beschafft. Große Erregung gab es, wenn eine Maus oder ein Spatz
gereicht wurde, sofort kam die ganze Katzennatur bei diesen jungen
Räubern zum Vorschein. Fauchend und knurrend suchte einer dem
anderen die Beute zu entreißen, grimmig fuhren die sonst verträg=
lichen Geschwister aufeinander los, sich mit Krallenhieben traktierend,
zerrten jederseits an dem Stück herum, bis der Gewandtere dieses
erhaschte und sich mit einem Sprunge auf den Ast salvierte. Dann
rieb sich der Verlierende miauend und verlangend schreiend an dem
Käfiggitter, bis ihm auch sein Teil verabreicht wurde.

Während „Miez" sich als ziemlich umgänglich erwies, kehrte
„Kunz" von Anfang an seinen boshaften Charakter heraus, ließ
sich ungern anfassen, biß und kratzte die ihn pflegende Hand und nie
war man vor ihm sicher. „Miez" hingegen verstieg sich bis zu
einer gewissen Vertraulichkeit und wurde oft geradezu liebenswürdig;
kaum war der Käfig geöffnet, kam sie miauend und schnurrend
heraus, stieg ihrem Pfleger auf den Schoß und suchte, wenn auch
oft in sehr fühlbarer Weise, ihre Anhänglichkeit durch Zuschlagen
mit den Pfoten oder durch gelindes Knautschen zu erkennen zu geben.
„Kunz" wollte hingegen von allen übertriebenen Zärtlichkeiten ab=
solut nichts wissen und kehrte immer seine Räubernatur von der un=
vorteilhaftesten Seite heraus. Trotzdem er geschossene Spatzen und
gefangene Mäuse aus der Hand fraß und so doch einigermaßen ein
Zeichen von Annäherung kundgab, geschah dieses doch immer mit
großer Vorsicht. Langsam, schleichend, fauchend und die Haare
sträubend, schnurrte er auf den vorgehaltenen Bissen zu, um ganz
plötzlich und unversehends diesen zu erhaschen und sich schleunigst
wieder in eine Ecke zu drücken. Mit funkelnden Augen unter stetem
Schnurren und Fauchen, setzte er sich förmlich auf den erhaschten
Raub, den er nicht eher anbiß, bis man sich auf einige Schritte
von dem Käfig entfernt hatte.

Mit dem Heranwachsen der beiden Wildkatzen stieg auch deren Bosheit und Bissigkeit, die schließlich soweit ging, daß man nur noch mit stark behandschuhter Hand in den Käfig hineinlangen durfte. Alles gütliche Zureden, alle Geduld wurde auf eine harte Probe gestellt, alle Versuche um eine Annäherung zu erzielen, alles Mühen zeigte sich als nutzlos, der wilde Charakter kam immer intensiver zum Durchbruch, so daß wir weitere Versuche als vergebliche aufgaben.

Nachts jagten sie wie toll im Käfig herum, fegten an den Wänden vorbei, sprangen auf den Ast, von diesem auf den Boden und wieder zurück, das Tollen, Fauchen und Schreien glich einem Hexensabbat. Des Morgens wurde die Gesellschaft wieder ruhiger und tags über lagen sie meist zusammengerollt, nach Hauskatzenart, schlummernd in ihrem Heunest. Mit der Zeit wurde auch die Fütterung von Spatzen und Mäusen geringer, erstere hatten die ihnen drohende Gefahr bald erkannt, sobald wir uns mit dem Flobert im Hof und Garten sehen ließen, sobald der Lauf aus einem Fenster herauslugte, war die Spatzenschar wie auf einen Schlag auf und davon, und es hielt schwer noch einen dieser schlauen Proletarier vors Rohr zu bringen. Auch die Mäuse waren bald weggefangen und nun mußten Haustauben herhalten.

Hei! das war ein Schauspiel, wenn so ein armes Schlachtopfer im Käfig herumflatterte! Wie Furien ging es über den armen Delinquenten her, bald sah man nur ein Knäuel sich auf dem Boden herumwälzen; die ganze Wildheit der Raubtiernatur gab sich hier zu erkennen, die Federn stoben umher wie Schneeflocken und nicht eher kehrte Ruhe ein, bis die Taube ausgelitten, und jeder seinen Teil gesichert hatte. Bei diesem Drama konnte man so recht die Katzennatur in allen ihren Schattierungen studieren. Die Erregung, die ungezügelte Mordlust, der endliche Triumph um den Besitz der Beute, dann das behagliche Schnurren nach der Sättigung, das Putzen und Reinigen und endlich die beschauliche Ruhe boten ein interessantes Bild des Raubtierlebens. Nur einigemale reichten wir lebende Tauben und für die Folge, um denselben die Todesqualen zu ersparen, nur geschossene oder geschlachtete.

Doch die Fütterung mit Tauben wurde auf die Dauer zu kostspielig, und nun kamen Fleischabfälle auf den Katzentisch. Die

Die Wildkatze (Felis catus).

Änderung des Menüs fand wenig Beifall, aber nach dem bekannten Sprüchwort: „Hunger ist der beste Koch", bequemten sie sich schließlich doch zur Annahme. So reichten wir denn auch eines Tages, in Ermangelung von etwas anderem, Kalbsgehirn, an dem „Kunz" und „Miez" sich gütlich thaten, und da es ihnen anscheinend mundete, erhielten sie mehr davon. Doch dieser Fraß sollte den beiden Katzen zum Verhängnis werden. Bald stellte sich Durchfall ein, der an Heftigkeit stetig zunahm und da den Tieren keine Medikamente beizubringen waren, und sie nur wenig mageres Schaffleisch zu sich nahmen, wurde der Zustand immer bedenklicher.

War „Kunz" zuvor ein wilder, unberechenbarer Patron, so änderte er jetzt sein Benehmen auffällig. Fast abgemagert bis zum Skelett, hinfällig, sich kaum auf den Beinen haltend, ließ er alles willig über sich ergehen. Das Einschlagen in erwärmte Tücher schien ihm einige Linderung zu bringen, aber an ein Beibringen von Medizin war nicht zu denken, mit allen ihm zu Gebote stehenden Kräften vereitelte er jeden derartigen Versuch. Die Auflösung erfolgte bald. Eines Morgens fanden wir „Kunz" erstarrt neben „Miez" liegen und diese befand sich in einem Zustande, der auf ein baldiges Ende schließen ließ. Sie erhielt jetzt ihren Platz in einem Körbchen neben dem Ofen, ließ sich warme Milch mit verrührtem rohen Eidotter, der einige Tropfen Opiumtinktur zugesetzt wurden, beibringen, nahm auch ab und zu etwas feingeschnittenes, rohes Fleisch, und schon glaubten wir sie durchzubringen und die während ihrer Krankheit sehr empfänglich gewordene „Miez" dem Leben zu erhalten, bis wir sie eines Morgens in sitzender Stellung verendet vorfanden.

So das Ende der mit vielen Mühen, großer Sorgfalt und Geduld aufgezogenen Wildkatzen, die uns manigfache Anregung zu Studien und Beobachtungen, als Ersatz für gehabte Arbeiten gegeben und von denen noch manches zu berichten wäre. Doch möge Vorstehendes genügen, um darzuthun, daß man auch junge Wildkatzen bei einiger Umsicht aufzuziehen vermag; ob sie den späteren Erwartungen aber entsprechen werden, vermögen wir nicht als sicher hinzustellen.

Der Manul oder die Steppenkatze (Felis manul).

Der Wildkatze verwandt ist der in den felsigen Gegenden Südostsibiriens, der Tartarei und Mongolei vorkommende Manul oder die Steppenkatze. Sie vertritt in ganz Sibirien die Wildkatze, kommt der Hauskatze an Größe gleich und wird auch vielfach an Stelle dieser, in den Wohnungen, gehalten.

Wildhagen giebt in seinem Werke: „Die Jagdtiere Rußlands" folgende Schilderung des Manul.

Die Steppenkatze ist, wie schon ihr Name andeutet, eine Bewohnerin der Steppen, wo sie die wilde Katze (F. catus) vertritt, von welcher sie sich durch folgende Merkmale unterscheidet:

1. äußerlich durch den robusten Körperbau und den verhältnismäßig größeren Kopf, sowie durch den langhaarigen Pelz;

2. durch ihre geringere Größe, wie aus nachfolgender Vergleichung der Maßverhältnisse der verschiedenen Körperteile beider Tiere ersichtlich ist:

	Wildkatze	Steppenkatze
Körperlänge	23″ —	19″ 3‴
Kopflänge	4″ 1‴	4″ 6‴
Schwanzlänge . . .	11″ 6‴	9″ —

(ohne Endhaare);

3. durch das stumpf abgerundete Ohr;

4. durch die Zahl der Schwanzwirbel; bei der wilden Katze sind 22, dagegen bei dieser nur 20 Wirbelknochen vorhanden;

5. durch den Bau des Oberkiefers, welcher von dem der Wildkatze wesentlich abweicht; es erstrecken sich die Oberkieferbeine nicht so weit nach hinten als die Nasenbeine; auch kommen die Stirnbeinverlängerungen nicht in Berührung mit dem Zwischenkieferbeine, und die Gaumenlöcher sind eng und länglich-schmal.

In ihrer äußeren Erscheinung hat sie wegen des robusten und kräftigen Baues ihrer Glieder vieles mit dem Rotluchs (Felis lynx) gemein, zu welchem sie eigentlich noch mehr als die Wildkatze den Übergang bildet. Ebenso steht sie auch dem Rotluchs in Bezug auf die Zahl der Schwanzwirbel am nächsten.

Der Manul oder die Steppenkatze (Felis manul).

Auf dem Scheitel des dicken Kopfes befinden sich unregelmäßig zerstreute schwarze Punktfleckchen. Die Umgebung der Nase ist gelblich, die Nase selbst aber, sowie die Lippen schwarz, letztere sind noch mit vier Reihen starker Barthaare geziert, welche, mit Ausnahme von zwei langen schwarzen, in der oberen Reihe befindlichen, weiß und an der Basis wellenbogig gefärbt sind. Die schwarzen Augenlider der schiefliegenden Augen haben eine nackte Haut mit schmalen, nur in der Mitte des Augenlides befindlichen Wimpern. Der Kreis um die Augen ist dick, runzelig und schwarz gerandet. Durch diese eigentümliche Umgebung des Auges, sowie durch die schiefliegende Pupille und die blaßrote Regenbogenhaut erhält das Auge einen zornigen Ausdruck. Über beiden Augenbrauen befindet sich noch eine gelbliche Warze, welche mit acht weißlich gefärbten Borstenhaaren besetzt ist; zwischen diesen beiden Warzen stehen dann noch zwei einzelne, schwarz und strahlartig gefärbte lange Borstenhaare. Unterhalb der Augen sind jederseits ein schwarzer Längsstreif und zwei fast parallele, nach hinten verlaufende schwarze Linien vorhanden. Die Ohren (Lauscher), welche äußerlich einfarbig blaßgelb gefärbt sind, haben eine von den Ohren der Wildkatze ganz abweichende Form, sie sind nicht allein kürzer und breiter, sondern auch rundlicher und stumpfer geformt als bei jener. Das Innere des Ohres ist unbehaart, aber mit einer Art Fächer aus umgebogenen weißlichen Haaren bedeckt, welche auf der Basis des Ohres entspringen. Die Oberseite des Körpers ist entweder mit einfach rötlich-gelben oder rötlich-grauen langen Haaren dicht bedeckt und zuweilen, jedoch nur bei jungen Individuen, auf dem Hinterrücken noch mit einigen, kaum sichtbaren dunkelen Streifen überzogen. Die Rückenhaare sind schwärzlich zugespitzt, die Kehle weiß und die Brust aschgrau gefärbt. Die Pfoten sind auf beiden Seiten rötlich-gelb gezeichnet und mit schwarzen zottigen Haaren besetzt, welche bis zur Schwiele der Pfotenwurzel reichen. Die Zehenballen sind unterhalb mit langen rotgelben Haaren dicht überzogen, ähnlich wie beim Baummarder und Zobel, ein Zeichen, daß das Tier für ein kaltes Klima bestimmt ist. Die untere Seite der Zehen ist schwarz und eben so ein Streifen zu beiden Seiten an der Schwiele der Mittelpfote. Die einziehbaren Krallen sind weißlich; der gleichmäßig und gleich dicht behaarte Schwanz ist wie der Körper blaßgelb mit breiter schwarzer Endspitze und neun deutlichen schwarzen Ringen gezeichnet, von denen die mittleren weiter von einander entfernt sind, als die übrigen; die schwarze Spitze und die darauf folgenden drei Ringe sind oberseits durch einen Streifen zusammen verbunden und glänzend schwarz, während die anderen unter sich nicht verbunden sind und eine matte schwarze Farbe haben.

Die Steppenkatze bewohnt, wie oben schon kurz erwähnt wurde, die asiatischen Steppenländer; sie ist also über einen Flächenraum ausgebreitet, welcher über 200000 Quadratmeilen groß ist, mithin ist ihr Verbreitungsbezirk ein bedeutend größerer als der unserer europäischen Wildkatze. Am zahlreichsten wird sie in den gebirgigen Gegenden der Steppen angetroffen, wie z. B. in den südlichen Vorbergen des Ural, ferner auf den felsigen Gebirgen innerhalb der mongolischen und tartarischen Steppe, sowie auch im Altai und im Dawurischen oder Transbaikalischen Alpenland. Die Grenzlinien ihres Vorkommens bilden: westlich die Wolga und nördlich die beginnende Waldregion; die östliche und südliche Grenzlinie ist wegen mangelhafter Beobachtungen noch nicht genau festgestellt; jedenfalls geht sie östlich bis zum Amur und südlich bis in das Himalaya-Gebirge. Am Tage hält sie sich entweder in Felshöhlen und Klüften, oder in den Bauen der Murmeltiere, sowie auch während des Sommers sehr gern in den Rohrdickichten der Flußthäler auf und geht, obgleich sie sich nur in menschenleeren Einöden aufhält, wo sie ohnedies mit den Menschen nicht in Berührung kommt, doch fast nur des Nachts auf ihren Raub aus, was indes wohl wieder aus Furcht vor den Wölfen geschieht, die zwar fast ihre einzigen, aber auch um so gefährlicheren Feinde sind. Ein einzelner Wolf kann ihr zwar nichts anhaben, weil sie sich sowohl mit ihren langen scharfen Krallen, als auch mit ihrem starken Gebiß sehr gut und tapfer verteidigt; sobald sie aber von einer Rotte Wölfe im Freien überfallen wird, dann ist es stets um sie geschehen.

In ihrer Lebensweise unterscheidet sich die Steppenkatze nur wenig von der wilden Katze; ebenso sind auch ihre Sinnesorgane in derselben Weise ausgebildet wie bei jener; dagegen behaupten alle diejenigen, welche längere Zeit sich mit der Jagd auf dieselbe beschäftigt haben, daß sie mordsüchtig sei und viel mehr Tiere fange, als sie zu ihrer Sättigung nötig habe; sie frißt von den gefangenen Tieren nur die edleren und für sie schmackhafteren Teile; den Rest

Der Manul oder die Steppenkatze (Felis manul).

verscharrt sie zwar, kehrt aber fast nie zu demselben zurück, da die ihre Hauptnahrung bildenden größeren Nagetiere, wie die Erd- und Pfeifhasen (Lagonup) und die Springmäuse (Dipus) in jenen Steppengegenden ziemlich zahlreich vorkommen. Durch die Vertilguug dieser Nager wird sie unter Umständen zu einem sehr nützlichen Tiere, welches besonders zu schonen wäre. Der Überfluß an Nahrung hat zur Folge, daß sie da, wo die Lokalitäten ihr günstig sind, wie in felsigen Gegenden mit zerklüfteten Felspartien, sich auch stark vermehrt und ziemlich zahlreich angetroffen wird.

Die Begattungs- oder Ranzzeit tritt, wie bei der wilden Katze so auch bei dieser, im Februar und März ein, wo es dann zwischen den Männchen, wenn sich deren mehrere um ein Weibchen bewerben, zu blutigen Kämpfen kommt, wobei sie ebenso wie die anderen Katzenarten durch ihr beständiges Mauen einen argen Lärm während der Nacht machen, was weithin hörbar ist. — Nach einer neunwöchentlichen Tragzeit bringt das Weibchen an einem geheimen und schwer zugänglichen Orte zwei bis drei Junge, welche von ihr sehr sorgfältig gegen die Wölfe, wie auch gegen ihren eigenen Gatten geschützt werden, welch letzterer sie gern in den ersten vierzehn Tagen als einen Leckerbissen verzehrt. Sobald die Jungen aber so weit erwachsen sind, daß sie im Freien spielen können, erhalten sie von beiden Eltern ihren Fraß zugetragen, und zwar werden ihnen die gefangenen Tiere wo möglich noch lebend zugebracht, damit sie an denselben das Fangen lernen sollen. Später nehmen die Alten ihre Jungen auch auf die nächtlichen Raubzüge mit, damit sie das Anschleichen und Fangen der zu raubenden Tiere im Freien lernen. Das Familienleben dauert ebenfalls wie bei der wilden Katze bloß bis in den Spätherbst, wo die Jungen sich selbständig zu ernähren vermögen; dann trennen sie sich, bis die Zeit der Liebe sie wieder zusammenführt.

In der äußeren Form und besonders in der Behaarung steht der Steppenkatze, die im südlichen Rußland vielfach als Hauskatze gehaltene Angorakatze am nächsten, mit welcher sie sich auch begattet, wie von kompetenten Beobachtern behauptet wird; ob nun aber die daraus hervorgehenden Bastarde unter sich ebenso unfruchtbar sind wie die Bastarde von der deutschen Hauskatze und der europäischen Wildkatze, darüber fehlen bis jetzt noch genaue Beobachtungen.

Die Ginsterkatze (Viverra genetta).
(Fig. 7.)

Spanien sowie das südliche Frankreich beherbergen eine durchaus schmucke und schlanke Untergattung (Genetta) der Katzen, die auch in der Gefangenschaft und gezähmt ganz das Benehmen und die Eigenschaften von Hauskatzen annimmt. Ihr eigentliches Verbreitungsgebiet sind die Länder des Atlas, doch gehört sie in Spanien in geeigneten Aufenthaltsstrecken, trotzdem man sie wegen ihrer überaus großen Schlauheit und Vorsicht selten zu Gesicht bekommt, zu einer ständigen Erscheinung.

Obschon die Ginsterkatze sowohl im baumlosen wie im waldigen Terrain vorkommt, bevorzugt sie doch von Bächen durchzogene und mit Quellen versehene Gegenden, ebenso zerklüftetes Berggelände. Die Gleichfarbigkeit ihres Felles mit dem von ihr bewohnten Boden ermöglicht es ihr, sich fast unsichtbar zu drücken, und daher wird sie auch selbst von tüchtigen und eifrigen Jägern höchst selten gesehen; auch ist ihre Lebensweise eine mehr nächtliche, wodurch die Beobachtung noch wesentlich erschwert wird.

Jede Deckung weiß sie meisterhaft zu benutzen, windet sich mit langgestrecktem Körper fast schlangenartig durch Gestrüpp, Gras und zwischen Steinen und Felsblöcken durch. Mit der Gewandtheit eines Fuchses durchschleicht sie lautlos und unhörbar ihr Gebiet, bei jedem ihr verdächtig vorkommenden Geräusch sich meisterhaft drückend und dem Boden anschmiegend, so daß es selbst einem geübten Auge schwer fällt, sie zu entdecken. Die lautlosen Bewegungen, die Gewandtheit und Biegsamkeit ihres schlanken Körpers ermöglichen es ihr, blitzschnell und mit sicherem, nie fehlendem Sprunge ihr Opfer zu überfallen und abzuwürgen. In der schleichenden Stellung bildet Körper und Schwanz eine fast gerade Linie; die Beine stehen weitschreitend auseinander, so daß sie in dieser gestreckten Bewegungsart eine walzenartige Form annimmt.

Da die Ginsterkatze, wie bereits vorhin erwähnt, eine mehr nächtliche Lebensweise führt und erst nach vollständigem Eintritt der Dämmerung auf Raub auszieht, wird sie auch höchst selten vom Jäger beobachtet und erlegt. Im Beschleichen ihres Opfers entwickelt

Die Ginsterkatze (Viverra genetta).   33

sie eine fabelhafte Gewandtheit und Gelenkigkeit, einen so hohen Grad von Schnelligkeit und Beweglichkeit, wie man sie bei anderen Raubtieren kaum wahrnimmt.

Unhörbar, mit gestrecktem Leib und wagerecht gerichtetem Schwanz, mit weit auseinander gestellten Beinen schleicht sie, biegsam wie eine Schlange, über den Boden hin, um im gegebenen Augenblick mit sicherem Sprunge ihr ahnungsloses Opfer blitzschnell zu überfallen. Mordlustig und blutdürstig wie sie ist, verschont sie kein Tier, welches zu überwältigen sie im stande ist. Unter Knurren und fast mit Hast verzehrt sie ihre jäh überfallene Beute, seien es

Fig. 7. Ginsterkatze (Viverra genetta).

nun Nager oder Vögel, und selbst Kerbtiere werden nicht von ihr verschmäht. Morden ist ihre Lust und ihr Bedürfnis.

Ihre Geschicklichkeit im Klettern läßt sie auch als höchst gefährlichen Nestplünderer erscheinen, da sie den Eiern und den jungen Vögeln sehr nachstellt. In einen schlecht verwahrten Hühnerstall oder Taubenschlag einbrechend, würgt sie alles erreichbare Federvieh ab. Die Hauptnahrung besteht indes vorzugsweise in Mäusen und Ratten, deren Fang sie fleißig obliegt und wodurch sie in ihren Heimatsgebieten einen erheblichen Nutzen bringt.

Trotz ihrer Mordlust wird sie, jung gefangen, leicht zahm und zeichnet sich dann durch besondere Gutmütigkeit, Sanftmut und Verträglichkeit aus. Selbst gefangene ältere Ginsterkatzen werden bei einigermaßen pfleglicher Behandlung zutraulich und gewöhnen sich an ihren Pfleger, lassen sich streicheln und anfassen, ohne in irgend einer Weise die Katzennatur herauszukehren. Den Tag über sind sie meist träge, und ihre ganze Lebhaftigkeit und Beweglichkeit entwickeln sie erst mit Eintritt der Dunkelheit. Wenn die Ginsterkatze leichter zu fangen wäre und demnach öfter auf den Tiermarkt gelangte, dürfte ihre Zucht gewiß zu empfehlen sein, nicht allein ihres sehr angenehmen Charakters wegen, sondern vielmehr wegen ihrer ausgesprochenen Passion für den Ratten= und Mäusefang, in welcher Beziehung sie alle Hauskatzen übertreffen dürfte.

Der Bau der Ginsterkatze ist im Gegensatz zu anderen ihres Geschlechts unverhältnismäßig langgestreckt, dabei ruht der Körper auf sehr kurzen Beinen, der Schwanz erreicht fast die Länge des 50 cm großen Körpers. Der hinten breite aber kleine Kopf endet in eine lange Schnauze. Die Ohren sind kurz, breit und stumpf zugespitzt. Das Auge ist dem der Katze ähnlich und der Stern desselben erscheint am Tage wie ein Spalt. Die Farbe des kurzen, dichten und glatten Balges ist in der Grundfarbe ein ins Gelbliche übergehendes Hellgrau, an den Leibesseiten verlaufen vier bis fünf Längsreihen ungleich gestalteter, schwarzer, oft rötlich gemischter Flecken. Auf dem Oberhals befinden sich vier Streifen, die an ihrem Ende in unregelmäßige Tupfen übergehen. Ein lichter Streifen zieht sich von der dunkelbraunen Schnauze über den Nasenrücken, vor und über den Augen ist ein kleiner Fleck; die Spitzen der Oberkiefer sind weiß, Kehle und Hals lichtgrau; der Schwanz ist sieben- bis achtmal weiß geringelt und läuft in eine schwarze Spitze aus.

Über das Freileben der schmucken und schön gezeichneten Ginsterkatze ist trotz ihres häufigen Vorkommens nicht viel bekannt, da ihre Beobachtung durch die nächtliche Lebensweise und ihre überaus große Vorsicht und List sehr erschwert ist. In der Gefangenschaft soll sie sich fortpflanzen und mit ihresgleichen verträglich zusammen leben.

Die Hauskatze, ihre Rassen und Varietäten.

In Bezug auf Bildungen von Rassen, hat die Hauskatze so ziemlich ihre Selbständigkeit gewahrt und sich wenig verändert. Bei allen anderen Haustieren finden wir eine Menge Rassen und Varietäten, dagegen sind diese bei der Hauskatze sehr spärlich vertreten. Ihr ungebundenes Leben, ihr Freiheitsdrang, ihre Selbständigkeit und Eigenliebe, ließen eine Zucht im Sinne der heutigen Zuchtregeln nicht zu, da sie sich nur sehr schwer in die beengenden Verhältnisse derselben pressen läßt und Umbildungen, die sie allenfalls durchgemacht, sind höchstens in der Farbe und der Struktur des Haares zu erkennen und wahrzunehmen. Im Körperbau ist sie dieselbe geblieben, und eine wirkliche Abänderung in gewissen Körperteilen lassen sich höchstens bei der hängeohrigen Katze aus China und bei der schwanzlosen Katze von der Insel Man (zu England gehörige Insel in der Irischen See) feststellen.

Über die Körpermerkmale der Hauskatze ist bereits in einem vorhergehenden Abschnitt das nötige gesagt, und es erübrigt hier nur noch einiges über die festen Farben nachzutragen und dann die ausländischen Rassen und Varietäten anzuführen.

Zunächst dürfte, als schönste Färbung, die wildfarbige oder graue und schwarzgestreifte Varietät der Hauskatze (Fig. 8), als die Urfarbe angesprochen werden, aus der sich in der Folge die anderen Farben entwickelten. Diese Varietät kommt der wilden Katze in der Farbe ziemlich nahe, und sind es besonders große und starke Exemplare, so wird sie leicht von Unkundigen mit dieser verwechselt, wenn nicht das untrügliche Zeichen, die längere und spitzere Rute vorhanden wäre. Die Grundfarbe ist mehr gelbgrau, das Gelbe an den Läufen, der Brust, nach dem Bauche zu und im Gesicht etwas auffallender; der Körper ist mit dunklen schwarzgrauen Querstreifen und Binden geziert. Katzen, die statt der Quer-, Längsstreifen zeigen, zählen zu den großen Seltenheiten. Das Auge ist grünlich-gelb, die Nase, sowie die Lippen und auch vielfach die Sohlen schwarz oder doch wenigstens schwarz gefleckt.

Diese Varietät ist auch meist wilder, wie die übrigen, zeichnet sich durch größeren Selbsterhaltungstrieb aus, verwildert leichter und paart sich auch am ehesten mit der Wildkatze, deren ganzen Charakter sie annimmt, wenn sie die Wohnung des Menschen ver-

Fig. 8. Wildfarbige oder graue und schwarzgestreifte Hauskatze.

läßt und draußen wildernd umherstreift. Man ist allgemein der Ansicht, daß sie die beste Mausekatze ist.

Eine ihr nahe kommende Varietät ist die mehr blaugraue gestreifte Katze (Fig. 9), die in der Regel weiße Abzeichen an Gesicht, Brust, Fuß und Schwanzspitze aufweist und nicht die Stärke der ersteren erreicht.

Die schwarze Varietät (Fig. 10) in reiner Farbe, ohne rötlichen Anflug und weißliche Abzeichen mit schön gelben Augen ist entschieden die schönste aber auch die am seltensten vorkommende. Sie gleicht, abgesehen von der Größe, dem schwarzen Sunda-Panther. In der Regel hat die schwarze Farbe, im Sonnenlicht oder heller Beleuchtung gesehen, einen bräunlichen Anflug; dann erscheinen auch wohl bei der einen oder anderen die dunklen Querbinden, wenn auch sehr undeutlich und das Auge zeigt nicht die schöne hellgelbe Farbe. Wirklich schwarze Katzen ohne irgend einen anderen Beiton

Fig. 9. Graue Hauskatze mit weißen Abzeichen.

oder das geringste weiße Abzeichen, sind herrliche Tiere und deren Fell ist ein sehr gesuchter und gut bezahlter Artikel.

Die weiße Varietät (Fig. 11) ist ziemlich gemein und man hält sie für sehr weichlich und nicht so widerstandsfähig wie die vorigen. Obschon weiße Katzen mit blauen Augen, im sauberen Haarkleid recht anmutige Tiere sind, sieht man sie in den Städten doch recht selten in properem Zustande. Meist ist das Haar struppig und glanzlos, und doch könnte bei ihr eine sorgfältige Haarpflege vieles thun, um sie ansehnlicher zu machen. Viele weiße Katzen sind, wenn nicht ganz taub, so doch in der Mehrzahl schlecht von Gehör und infolgedessen minderwertige Mäuser. Ein hübsches weißes Kätzchen, in guter Pflege und recht sauber gehalten, hat immer etwas Apartes für sich.

Fig. 10. Schwarze Hauskatze.

Die Maskenkatze ist in der Regel tiefschwarz, zwischen den Augen befindet sich eine weiße Schnippe, ebenso sind Lippen, Schnurrhaare, ein Fleck an der Brust, der manchmal bis zur Kehle hinaufgeht, die untere Bauchseite und die Pfoten reinweiß; auch bei einigen noch die Schwanzspitze. Die Augen sind bei dieser Varietät gelb und erscheinen durch die schwarze Umrahmung ziemlich leuchtend. Je regelmäßiger und bestimmter die weißen Abzeichen und je schärfer diese sich von der schwarzen Grundfarbe trennen, um so schöner ist die Maskenkatze, die viele Verehrerinnen findet.

Die schwarzköpfige oder Mohren-Katze (Fig. 12) muß reinweiß sein, wogegen der Kopf und Schwanz farbig ist. Diese Varietät

Fig. 11. Weiße Hauskatze.

in regelmäßiger Zeichnung ist äußerst selten und darf wohl als eine der eigentümlichsten Farbenzeichnungen bei der Hauskatze angesehen werden. Die Farbe des Kopfes und Schwanzes kann entweder schwarz, grau, blau oder gelb sein, wenn sie nur regelmäßig den Kopf einfaßt und auf diesem kein weißes Haar zeigt, aber wie bereits erwähnt, — sie zählen in guter und korrekter Zeichnung zu den Seltenheiten und stehen daher ziemlich hoch im Preise.

Die maus- ober fahlgraue, gelbe und gescheckte Varietät (Fig. 13) ist die gemeinste und es giebt bei ihnen mancherlei Farbenabstufungen und Zeichnungen, so daß keine feste Norm für sie aufzustellen ist. Rein maus- oder fahlgraue und gelbe ohne weiße Abzeichnungen sind immerhin noch acceptable Erscheinungen, und selbst unter den Gefleckten giebt es noch recht hübsche Tiere. Bei letzteren ist die Grundfarbe weiß und unregelmäßige Flecken und Platten verteilen sich über Kopf und Körper. Geradezu häßlich sind solche,

Fig. 12. Mohrenkopf-Katze.

die nur auf einer Seite des Kopfes einen das Auge deckenden Fleck aufweisen. Diese Varietät stellt dann auch das zahlreichste Heer unter den Hauskatzen und der Mischmasch und das Kunterbunt in Farbe und Zeichnung ist schier unbeschreiblich.

Die dreifarbige oder spanische Katze. Durch die Bezeichnung „spanische" soll nicht gesagt sein, daß diese Varietät auf die pyrenäische Halbinsel beschränkt ist und es dürfte schwer festzustellen sein, aus welchem Grunde ihr diese Benennung zugeschoben wurde. Sie ist

Die Hauskatze, ihre Rassen und Varietäten. 41

weniger häufig wie bie vorigen, und zeichnet sich auch im allgemeinen nicht durch hervorragende Schönheit aus; immerhin giebt es Exemplare, die durch eine regelmäßige Zeichnung und gute Farbenverteilung einen aparten Eindruck hervorrufen. Die Grund-

Fig. 13. Gefleckte Hauskatze.

farbe ist weiß, auf welcher buntgemischte Flecken von braun, gelb oder grau, meist verstreut, sich über den Körper verteilen. Man sagt allgemein, daß diese Farbenzusammenstellung nur bei der weiblichen Katze vorkommt, und daß dreifarbige Kater sehr selten wären. Da das weibliche Geschlecht bei der Katze überwiegt, darf dies nicht überraschen, um so mehr als die dreifarbige Varietät keine streng begrenzte ist und in jedem Wurf erscheinen kann. Sind diese Katzen schön egal im Gesicht gezeichnet und verteilen sich die Flecken über den Körper in ziemlicher Regelmäßigkeit, so ist auch diese Varietät keine üble Erscheinung. Gewöhnlich sind aber die Flecken ziemlich gemischt und so zu sagen ineinander laufend, und es hält dann schwer, sie richtig zu bestimmen. Kommt dazu noch eine unschöne Gesichtszeichnung oder einerseits ein großer Fleck, der auf der anderen

Fig. 14. Cypern-Katze.

Seite fehlt, so wird man wohl schwer etwas besonders anziehendes an einer solchen Katze finden.

Die **Cypern-Katze** (Fig. 14) ist gelbgrau mit schwarzen Querstreifen und es hat den Anschein, als ob sie auf der Insel Cypern mit Sorgfalt gezüchtet wurde. Nach Michel berichtet Villamont von dem Cap della Gatte (Katzenkap) auf Cypern, daß dort ein Kloster von den Türken zerstört wurde, worin sich Katzen befanden, die einen sehr wirksamen Krieg gegen die dort massenhaft vorkommenden Schlangen führten. „Die Schlangen", sagt er, „sind auf dieser Insel von schwarzweißer Färbung, zum mindesten sieben Fuß lang und gegen sechs bis acht Zoll dick; sie werden von den zum Kloster gehörigen Katzen gejagt und getötet. Mittags ruft eine Glocke des Klosters diese kühnen Jäger zum Mahle, aber sobald sie ihr Futter eingenommen, ziehen sie wieder ab, um die Verfolgung ihrer Feinde von neuem aufzunehmen."

Fig. 15. Karthäuser-Katze.

Aller Wahrscheinlichkeit nach hat sich die Katze auf Cypern in ihrer ursprünglichen Färbung erhalten und zu einer konstanten Rasse herangebildet. Doch nicht alle gelbgrauen, schwarzgestreiften Katzen können als echte Cypernkatzen angesprochen werden, es sei denn, daß ihre Voreltern von dieser Insel eingeführt wurden.

Die Karthäuser-Katze (Fig. 15) nennt man eine einfarbige blaue Varietät mit langem feinem Haar, schwarzen Lippen und

Fußsohlen. Die blaue Farbe nuanciert von bläulich-aschgrau bis bläulich-schwarz. Wenn die Farbe rein ist und das Haar sich in guter Pflege befindet, so zählt die Karthäuser-Katze mit zu den prächtigsten Tieren, doch ist sie von Charakter etwas phlegmatischer, eine Eigenschaft, die auch bei den übrigen langhaarigen Katzen, wie: Angora-, Persische und Chinesische Katze wahrzunehmen ist.

Die Islands- oder Kumanische Katze und wie sonst noch die Benennungen sind, dürfte mit den vorigen Varietäten ziemlich identisch sein.

Von der Island-Katze heißt es, daß sie sich durch schöne blaugraue Färbung des Felles auszeichne; die Kumanische Katze, aus dem Kaukasus stammend, soll hingegen großflockiges Haar von weißer, schwarzer oder rostroter Farbe haben; Lippen und Sohlen fleischfarben.

Die Angora-Katze (Felis maniculata domesticus angorensis) (Fig. 16), ist die schönste, kostbarste und von den ausländischen Katzen auch die bekannteste und verbreitetste. Dieses prachtvolle, vornehme Tier stammt aus Hochasien, und Pallas scheint den Manul als die Stammform derselben anzusehen, welche Ansicht Fitzinger zu teilen geneigt ist. Brehm hingegen hält es für wahrscheinlich, daß sie nichts anderes ist, als eine aus Gebirgsgegenden herrührende Zuchtrasse, welche sich infolge klimatischer Einwirkung nach und nach herausbildete und ihre Merkmale vererbte. So sah Radde im Süden Sibiriens immer nur schöne graue oder blaugraue Angoras, sogen. Chanchilla-Katzen. In dem Städtchen Tjumen, etwas östlich vom Ostabhange des Ural, traf er die ersten an, weitere kamen ihm in den russischen Ansiedlungen zu Gesicht, doch waren sie auch da seltener wie die gewöhnlichen Hauskatzen.

Ob Angora das eigentliche Heimatsgebiet dieser vornehm aristokratischen Katze ist, kann mit Sicherheit nicht nachgewiesen werden; man neigt allerdings der Ansicht zu, weil auch dorther die langhaarigen Angora-Ziegen und -Kaninchen stammen sollen. Jedenfalls darf diese Katze als eine feste Rasse angesehen werden, da sie ihre charakteristischen Merkmale bestimmt und sicher vererbt, und unbestritten ist eine gutgepflegte, im vollen Haarkleibe prangende Angora-Katze, gleich welcher Färbung, die anziehendste Erscheinung unter sämtlichen Katzen.

In ihrem Äußeren hat sie etwas löwenähnliches, da sich namentlich vom Gesicht aus an Hals und Brust eine volle, abstehende, etwas hängende Haarmähne bildet. Besondere Länge erreicht auch das Haar auf dem Rücken und an den Seiten, ebenso an der Rute, die dadurch buschig und länger erscheint, wie sie in Wirklichkeit ist. Die Haare in dem inneren Ohr sind verlängert und büschelartig, das Gesicht und die Pfoten kürzer behaart. Das Haar selbst ist von seidiger, glänzender, weicher Struktur mit ganz

Fig. 16. Angora-Katze.

leichter Wellung. Am beliebtesten sind die weißen und silberfarbigen, dann folgen blaue, schwarze, graugestreifte und isabellfarbige. Andere Farben dürfen wohl auf Zuführung fremden Blutes resp. Kreuzung mit gewöhnlichen Katzen zurückzuführen sein und zeigen diese auch nie das volle, reiche, seidigglänzende Haar.

Fast scheint die Angora-Katze sich ihrer Schönheit bewußt zu sein, da sie in ihrer überaus großen Klugheit sehr empfänglich für Schmeicheleien ist und sich gern bewundern läßt. Sie besitzt ein ruhiges, fast phlegmatisches Temperament, ist träge, doch von angenehmen Manieren, und ihr ganzer Charakter zeigt etwas aristokratisches, vornehmes. Weil sie mehr die Nähe des Menschen liebt wie ihre Verwandten, zudem ein ausgesprochenes Salontier ist, das am liebsten tagsüber nichtsthuend auf weichen Kissen der behaglichen Ruhe fröhnt und so stets unter der Kontrolle des Menschen steht, rühmt man ihr mehr Anhänglichkeit und Klugheit nach, und fast scheint es, daß dies der Fall ist, wenn man sie beobachtet, wie sie ihrem Gebieter oder ihrer Gebieterin schnurrend auf Tritt und Schritt folgt, sich an sie schmiegend und zu Liebkosungen geradezu auffordert. Sie ist in wahrem Sinne des Wortes ein verhätscheltes Schoßkind, zu dem ihr kostbarer Besitz Anlaß gab.

Würde unseren übrigen Katzen dieselbe Sorgfalt, Pflege und liebevolle Behandlung zu teil, so dürfte als gewiß anzunehmen sein, daß sich auch die gewöhnlichen Hauskatzen zu mehr umgänglichen Tieren herangebildet hätten.

Wer Angora-Katzen besitzt, pflegt und züchtet, muß darauf bedacht sein, das lange reiche Haar einer sorgfältigen Behandlung zu unterziehen, und diese besteht in vorsichtigem Auskämmen desselben. Geschieht dies nicht, so verfilzt sich das Haar, namentlich während der Neubildung desselben; die Angora-Katze verliert dann an Ansehen und wird zu einem abscheulichen, unentwirrbaren Filzknäuel. Das Kämmen muß regelmäßig vorgenommen werden und zwar mit einem nicht zu scharfen Kamme, da sonst die Haare leicht ausreißen und dem Tier empfindliche Schmerzen verursacht werden. Für die Sauberkeit sorgt die Katze selbst, dank ihrer angeborenen Reinlichkeit; sie putzt, leckt und streicht den ganzen Tag an ihrem Fell herum. Vorsichtige Pfleger waschen auch der Angora-Katze morgens mit einem weichen Schwämmchen und lauwarmem Wasser die Augen sauber aus. Wer je eine wirkliche und schöne Angora-Katze besessen, wird entzückt von ihrer nobeln Schönheit und ihrem aparten Benehmen sein, das ist aber auch alles, was man von ihr verlangen kann und darf. Sie fordert viel und giebt dafür nur sehr weniges, und selten versteigt sie sich einmal dazu, ein gerade an ihr vorbeihuschendes Mäuschen zu fangen. Sie liegt am liebsten auf weichem, molligem Pfühl, läßt sich pflegen und beansprucht die ausgesuchtesten Leckerbissen; doch alles dies kann nicht hindern, daß der wirkliche Katzenfreund in ihrem Besitz allein seine volle Befriedigung findet, da sie unstreitig, was Schönheit anbelangt, die Perle aller Katzen ist.

Die **Khorassan-** oder **persische Katze** (Fig. 17) scheint eine Abart der Angora-Katze zu sein, ihr Haar ist indes etwas wolliger, lockiger, doch immerhin noch von besonderer Länge. Die Farbe ist dunkel-blaugrau. Was Schönheit anbetrifft, steht sie der Angora-Katze ziemlich nahe, doch ist sie weit seltener wie diese.

Fig. 17. Persische Katze.

Die **chinesische** oder **hängeohrige Katze** (Fig. 18) dürfte die interessanteste sein, denn sie liefert den Beweis, daß durch fortwährende Nichtbenutzung eines Organes, dessen ursprüngliche Beschaffenheit allmählich einbüßt resp. zurückgeht. So bei der chinesischen Katze das Gehör bezw. die Ohren. „Die Chinesen, sagt Michel, verehren die Katze nicht nur in Porzellan, sondern auch nach kulinarischer Seite wissen sie deren Wert zu schätzen. Die Katzen werden als besondere Leckerbissen betrachtet und eigens, an Ketten (?) liegend, mit Reis gemästet".

48 Die Hauskatze, ihre Rassen und Varietäten.

Die Katze wird eigens zum Zwecke der Fleischproduktion gezüchtet, und gilt den Chinesen als bevorzugter Leckerbissen; es darf dies nicht Wunder nehmen, wenn man in Erwägung zieht, daß der Chinese alles das verzehrt, bei dessen Anblick der Magen eines Europäers rebellisch würde. In engen Bambuskäfigen werden die armen Viehcher eingesperrt und wenn auch nicht nach der Art der Gänse genudelt, so doch mit reichlichen Portionen dick und fett gefüttert. Mit solchen armen Miezen wird dann noch ein umfang-

Fig. 18. Chinesische oder hängeohrige Katze.

reicher Handel nach den anderen Teilen Asiens getrieben und die schlauen Chinesen sollen dabei die Klugheit anwenden, keine Kater fortzugeben, damit ihnen die einträgliche Erwerbsquelle nicht verstopft werde.

Infolge der einengenden Verhältnissen und dadurch, daß man die Katze ihrer eigentlichen Verwendung entfremdete, ist das Gehör zurückgegangen; weil ihr die Erlangung der Nahrung durch eigenes Geschick versagt wurde, mußte sich, da ihre Wachsamkeit nicht mehr zur

Geltung gelangte, das scharfe Hören nach versteckter Beute unnütz wurde, das Gehör abstumpfen und die natürliche Folge war, daß das Ohr in der langen Zeitfolge an Straffheit verlor, sich allmählich senkte und zum Hängeohr ausbildete. Dies ist denn auch das charakteristische Merkzeichen der chinesischen Katze.

Wenn man zum erstenmale eine solche Katze erblickt, ist man überrascht, doch der komische Eindruck verliert sich bei näherer Betrachtung und man kann auch diese Katze, wenn man von der Eigenart der Ohren absieht, schön finden. Den Körper bedeckt, ähnlich wie bei der Angora-Katze, ein langes dichtes Haarkleid, welches jedoch nicht so reich ist wie bei dieser. Das Haar ist seidenweich, glänzend, die Farbe meist ein lichtes gelb (isabellfarbig), oder auch ein schmutziges weißgelb, doch kommen auch die üblichen Färbungen der gemeinen Hauskatze vor. In der Größe übertrifft sie diese um ein ziemliches, ist stärker und neigt, wie leicht erklärlich, gern zum Fettwerden. Die Ohren hängen vollständig, wie bei unseren Jagdhunden und sind im Verhältnis zu denen der übrigen Katzen von beträchtlicher Größe.

Obschon die chinesische Katze in ihrer Heimat in ziemlicher Anzahl gezüchtet wird, gelangt sie doch höchst selten auf den europäischen Tiermarkt. Ein einziges Stück ist uns zu Gesicht gekommen und dieses erwarben wir vor Jahren in Hamburg, von einem aus China heimkehrenden Seemann. Nach diesem lebenden Exemplare ist die beigegebene Abbildung gefertigt.

Von Charakter ist sie entschieden noch träger wie die Angora-Katze, beinahe faul zu nennen und sozusagen ohne Leben; auch liegt sie am liebsten hinter dem warmen Ofen, ist wenig empfänglich für Schmeichelei, hört schlecht und entwickelt höchstens Leben, wenn sie den Milch- oder Freßnapf erblickt. Wirklich anziehende Eigenschaften besitzt sie nicht und höchstens die eigenartige Erscheinung könnte zur Haltung des immerhin merkwürdigen Vertreters des Hauskatzengeschlechts verleiten.

Die siamesische Katze (Fig. 19), aus Siam stammend, ist ein eben so seltenes wie schönes Tier und zeichnet sich durch kurzes, glattanliegendes Haar und die ihr eigentümliche Färbung aus. Die Farbe des Körpers ist isabellfarbig (hellgelblich-weiß), Gesicht, Ohren, Beine und Schwanz sind schwarzbraun. Keller schreibt, daß es besonders flinke Tiere sind, die in Asien in den Palästen gehalten und mit Fischen gefüttert werden. Diese Hauskatze dürfte nächst den langhaarigen eine der schönsten und teuersten sein, denn gute Exemplare werden oft mit 200 Mark und darüber bezahlt. Leider gelangt auch sie äußerst selten nach Europa und ist hier noch wenig bekannt.

Die Man- oder Stummelschwanz-Katze (Felis maniculata domestica ecaudatus) (Fig. 20) stammt von der Insel Man.

Fig. 19. Siamesische Katze.

Keller giebt in seinem Katzenbuch (Beilage der Tierbörse) folgendes über die ungeschwänzte Katze an: „Die ungeschwänzte Katze in Cornwallis und auf der Insel Man (Nordwestküste Englands) ist eine eigentümliche Art und hat zumeist nur eine Andeutung eines Schwanzes. Es sollen jedoch auch wohlbeschwänzte vorkommen, wohl dem Vater nach. Es giebt deren von verschiedenen Farben. Sie haben ziemlich lange Pfoten".

Die Man-Katze ist wegen des fehlenden Schwanzes und dem stark erhöhten Hinterteil gerade kein anmutendes Tier. Die hinteren Beine sind unverhältnismäßig lang entwickelt und daher steht sie hinten etwas hoch. Vermöge dieser Bauart springt sie in gewaltigen sicheren Sätzen von Ast zu Ast; sie ist eine ausgezeichnete Baumkletterin und wird dadurch den Vögeln gefährlich.

Nach Brehm sah Martens auf den Sundainseln und in Japan Katzen mit verschiedenen Schwanzabstufungen, und Keſſel

Fig. 20. Man- oder Stummelschwanz-Katze.

erzählte Weinland, daß dort, insbesondere auf Sumatra, allen Katzen, bevor sie erwachsen sind, die ursprünglich vorhandenen Schwänze abstarben. Die Man-Katze kommt in verschiedenen Färbungen vor.

Die Katze von Cochinchina soll nur einen kurzen, kolbigen und die madagassische einen gedrehten, knotigen Schwanz haben.

Die nachbenannten Katzen dürften wohl mit der gemeinen Hauskatze so ziemlich übereinstimmen und sich nur durch ihre Färbung

4*

unterscheiden. So ist die Katze von Island schön blaugrau, die Tobolsker Katze aus Sibirien rot oder fuchsfarbig, die vom Kap der guten Hoffnung blau oder rot.

Der Frankfurter Zoologische Garten erhielt vor etlichen Jahren ein Paar Katzen aus Mittelamerika, die sich durch Größe, seidenwolliges Haar und dunkelaschgraue, schwarzgestreifte Farbe auszeichneten.

Während bei allen anderen Haustieren die Kenntnisse über deren Rassen und Varietäten sehr reichhaltige sind, finden wir bei der Katze diese nur recht spärlich vor und meist noch ziemlich unbestimmte, unsichere Aufzeichnungen. Dies ist um so mehr zu verwundern, weil doch die Katze eines der ältesten Haustiere und sonst in der Geschichte ein bevorzugtes Tier war. Wir haben uns bemüht, dasjenige, was in der Litteratur über diesen Gegenstand aufzufinden war, zusammen zu tragen und die eigenen Beobachtungen und Studien einzuflechten. Wenigstens dürften die nach der Natur aufgenommenen Zeichnungen, die möglichst naturgetreu wiedergegeben sind, den verehrten Leserinnen und Lesern, den Freunden der Katze, eine richtige Vorstellung der Rassen und Varietäten geben.

Die Zucht der Katzen.

Von einer eigentlichen Zucht kann bei der Katze kaum die Rede sein; ihr ungebundenes, freiheitsliebendes Wesen verträgt sich nicht mit dem Zwang, welcher dieselbe bedingt, und so hat die Paarung immer einen gelegentlichen oder freiwilligen Charakter.

Nichtsdestoweniger soll an verschiedenen Orten zum Zwecke der Fellgewinnung eine regelmäßige Zucht betrieben werden, doch ist kaum anzunehmen, daß in diesen Fällen von strengen Zuchtregeln, wie Auswahl geeigneter Elterntiere rc., Gebrauch gemacht wird. Höchstens in zoologischen Gärten, wo man hin und wieder einige der seltenen Rassen antrifft, werden diese in Reinzucht weiter gezüchtet. Bekannt dürfte ferner sein, daß die Zucht der schönen Angora-Katze in Wien verschiedentlich Freunde gefunden hat und daselbst auch mit Erfolg betrieben wird.

Schon die ganze Lebensweise der Katze, die sich in dem ungebundenen Umherstreifen bekundet, wie auch ganz besonders der meist scheue, schwer zu zwingende Charakter setzt der Zucht fast unüberwindbare Schwierigkeiten entgegen, und doch ließe sich bei einiger Ausdauer und Sachkenntnis auch die Katze in eine geregelte Zucht zwingen und aus ihr konstante Farbenschläge herauszüchten, die jetzt nur zufällige sind und keine sichere Vererbung verbürgen.

Aber selbst der ausgesprochenste Katzenfreund dürfte sich schwer dazu entschließen, weil erstens für eine erfolgreiche Zucht geräumige hohe Käfige, an halbdunkeln Orten aufgestellt, zu viel Raum und Kosten beanspruchen würden, und zweitens die aufgewandten Unkosten aus der Nachzucht nur zum geringsten Teile Deckung finden würden.

Wo es sich aber um edle Rassen, wie Angora, Perser ꝛc. handelt, für die noch immer recht annehmbare und oft hohe Preise willig gezahlt werden, verlohnt es sich der Mühe, Zuchtversuche anzustellen.

Der Zuchtkäfig (Fig. 21) dürfte für die Unterbringung der Zuchttiere zweckentsprechend sein. Derselbe hat folgende Dimensionen: Der 2 m breite, $1^{1}/_{2}$ m tiefe und 2 m hohe Käfig besteht in seiner hinteren Wand, den Seitenteilen, dem Boden und der Bedachung aus nicht zu dünnen, gut ineinander gefügten Brettern. Die vordere Seite ist entweder mit starkem Drahtgeflecht oder engstehenden Eisenstäben zu sichern. Am unteren Ende der Vorderseite ist eine Klappe (a) anzubringen, um den Boden mittelst eines eisernen Krätzers (b) reinigen zu können und Sauf- und Freßnapf einzuschieben; an der linken Seite befindet sich eine verschließbare Thür, um das Innere des Käfigs nach Bedarf betreten zu können. Der Boden ist, um einer Fäulnis durch den ätzenden, übelriechenden Urin vorzubeugen, mehrere Male mit Karbolineum zu streichen; dieser Anstrich wirkt gleichzeitig desinfizierend. In der Mitte des Käfigs befestigt man ein starkes Stück Baumstamm mit einigen kräftigen, kurzen Ästen, um so der Katze Gelegenheit zu geben, Kletter- und Sprungübungen

zu machen. In einer der hinteren Ecken stellt man den Schlaf=
kasten, der gleichzeitig als Wurfbett dient, auf. Den Boden bestreut
man am besten mit einer dünnen Lage Sägemehl, welches die
flüssigen Exkremente besser aufsaugt. Für möglichst peinliche Rein=
haltung ist allein schon des penetranten Geruchs halber Sorge zu
tragen und es empfiehlt sich daher, jeden Morgen mittelst des
Krätzers die Unreinlichkeiten zu entfernen und frisches Sägemehl

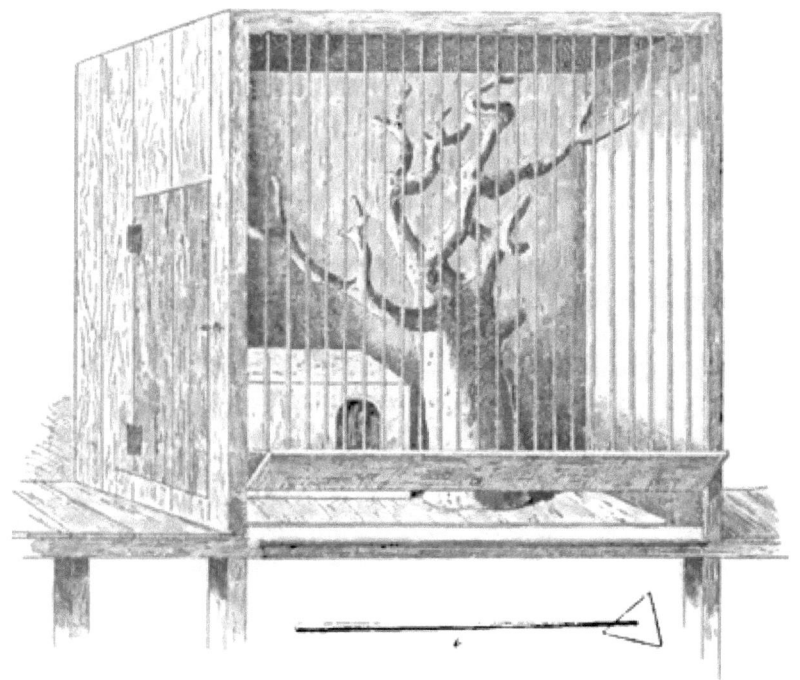

Fig. 21. Zuchtkäfig.

einzustreuen. Wenn man nun den Boden mit einer kleinen Neigung
nach vorn versieht und an der Vorderseite (siehe Fig. 21) eine
Rinne aus Zinkblech anbringt, ist für den Abfluß des Urins bestens
gesorgt. Dieser Käfig ist, weil die Katze das Halbdunkel liebt, in
einem nicht zu hellen, aber gut ventilierbaren und zugfreien Raume
aufzustellen, der auch im Winter eine mäßige Erwärmung durch
einen eingestellten Ofen zuläßt. Die Heizung während der kälteren

Jahreszeit ist insbesondere bei den exotischen Rassen anzuraten, die gegen den Einfluß der Kälte weniger widerstandsfähig sind, wie die gewöhnlichen Hauskatzen.

Wenn mehrere Katzenmütter gehalten werden, genügt ein Kater, doch müssen alle immer separat, d. h. je eine in einem Käfig, gehalten werden, und zwar namentlich während der Paarungszeit und dem Aufsäugen der Jungen, da das gemeinschaftliche Zusammenleben während dieser Zeit zu Mißhelligkeiten Anlaß geben würde. Nur um die Paarung zu ermöglichen, setzt man den Kater auf einige Tage zu der Katze. Die Zucht selbst bietet auf diese Art keinerlei Schwierigkeiten, nur ist auf die **Auswahl der Zuchttiere** einiges Gewicht zu legen.

Nehmen wir z. B. an, es sollen Angora=Katzen gezüchtet werden. Zunächst ist die Paarung blutsverwandter Tiere thunlichst zu vermeiden, da durch Inzucht die Größe sowohl, wie die reiche Behaarung Einbuße erleiden würde und etwa vorhandene Fehler sich vererbten und schließlich ausarteten. Dann ist ferner der Gesundheitszustand in Betracht zu ziehen und dürfen daher keine schwachen, kränklichen Tiere zusammengebracht werden. Die Zuchttiere sollen lebhaften Charakters sein, keinerlei oder doch wenigstens keine auffallenden körperlichen Fehler aufweisen und nicht zu jung sein. Mindestens muß der Kater $1^{1}/_{2}$ Jahr und die Katze 1 Jahr alt sein. Überhaupt vermeide man, zu alte mit zu jungen Tieren zu paaren, immer bleibt es das geratenste, einen annähernden Altersausgleich zu wählen. Die beste Nachzucht erzielt man von in voller Lebenskraft befindlichen Tieren. Das Auge der Zuchtkatze muß klar sein, die Haut rein, d. h. keinerlei Ausschlag oder Schorf zeigend. Von gesunden, kräftigen Elterntieren kann man mit ziemlicher Bestimmtheit eine gleiche Nachzucht erwarten.

Ferner empfiehlt es sich, auch auf Farbe zu züchten und nur gleichfarbige Tiere zusammen zu stellen; kommen dann doch wider Erwarten andersfarbige Junge im Wurf vor (ein Rückschlag auf die Voreltern eines der Zuchttiere), so sind diese nicht zur Weiterzucht für die festgesetzte Farbe tauglich. Man nehme also demnach weiß zu weiß, grau zu grau ꝛc., und man kann sich bei diesem Verfahren in wenigen Jahren einen konstanten Farbenschlag heranzüchten. Bemerkt sei noch, daß man mit dem Kater nach den ersten

Jahren wechseln muß, d. h. einen solchen anderer Zucht zu benutzen, um den nötigen Blutwechsel herbeizuführen.

Wenn nach diesen kurzen Anweisungen edle Rassekatzen gezüchtet werden, wie dies beispielsweise in England, Frankreich und Amerika der Fall ist, so wird man nicht allein Freude an der Zucht dieser wertvollen Haustiere finden, sondern auch, da dieselben immer gesucht und gut bezahlt werden, einen Gewinn herausziehen können, mindestens werden die aufgewandten Kosten wieder eingebracht.

Allerdings ist und bleibt ein derartiges Unternehmen immerhin eine kostspielige und noble Passion, die neben vieler Mühe und Zeitverlust auch eine nicht unerhebliche Anforderung an den Geldbeutel stellt. Wer aber über einen gutgefüllten verfügt und wirklicher Katzenfreund oder -Freundin ist, kann sich den Luxus wohl gestatten und darf gewiß sein, daß ihm die Zucht eine angenehme Unterhaltung und Beschäftigung in freien Stunden gewährt und durch ihre vielseitige Gelegenheit zur Beobachtung des Katzencharakters eine reiche Quelle des Studiums bietet.

Die Fortpflanzung.

Im Gegensatz zum Hunde kann man die Katze als ein züchtiges Tier bezeichnen, denn sie sucht in ihrer Liebeszeit die entlegenen Orte zur Begegnung mit ihrem Galan auf und bietet den Augen nicht die widrigen Scenen, wie sie in Städten und Dörfern seitens der Hunde an der Tagesordnung sind. Diese vornehme Eigenschaft muß allein schon für die Katze einnehmen. Scheu und verlegen entzieht sich die Katze in ihrem Liebesrausch den Augen des Menschen und meist deckt die dunkle Nacht einen schützenden Schleier über die zärtliche Begegnung, höchstens daß der Mond sich als stiller Brautzeuge einstellt oder sich züchtig hinter eine dunkle Wolkenwand verbirgt.

Was sich so dem Auge entrückt, muß das Ohr doppelt entgelten! Wer kennt sie nicht, die mondhellen Frühlingsnächte, wenn alles in tiefster Ruhe dem wohlthätigen und erquickenden Schlafe huldigt und urplötzlich, im jähen Erwachen, ein zwerchfellerschütterndes Konzert vernimmt, das „Menschen rasend machen kann"! Wie trefflich schildert Lichtwer in seinen Fabeln (Wien, 1870, S. 49) durch folgenden lyrischen Erguß ein derartiges Katzenkonzert:

 Tier' und Menschen schliefen feste,
 Selbst der Hausprophete schwieg,
 Als ein Schwarm geschwänzter Gäste
 Von den nächsten Dächern stieg.

 In dem Vorsaal eines Reichen
 Stimmten sie ihr Liedchen an;
 So ein Lied, das Stein' erweichen,
 Menschen rasend machen kann.

 Hinz, des Murners Schwiegervater,
 Schlug den Takt erbärmlich schön,
 Und zwei abgelebte Kater
 Quälten sich, ihm beizustehen.

 Endlich tanzten alle Katzen,
 Poltern, lärmen, daß es kracht,
 Zischen, heulen, sprudeln, kratzen,
 Bis der Herr im Haus erwacht.

 Dieser springt mit einem Prügel
 In dem finstern Saal herum,
 Schlägt um sich, zerstößt den Spiegel,
 Wirft ein Dutzend Schalen um.

 Stolpert über ein'ge Späne,
 Stürzt im Fallen auf die Uhr,
 Und zerbricht zwei Reihen Zähne;
 „Blinder Eifer schadet nur!"

Aus unzähligen Kehlen, in allen Tonarten, ertönt ein Gequieke, ein Geschrei und Gefauch, ein Geknurr und Gelärme, daß man wähnt, die Hölle mit ihren sämtlichen Geistern sei entfesselt. Plötzlich verstummt der ohrbetäubende, entnervende Gesang, aber nur eine Pause der Ruhe tritt ein, erschöpft halten die langgeschwänzten Sänger in ihrem vielstimmigen Konzert ein, — — — doch die Ruhe ist eine trügerische; erst leise, dann lauter beginnt ein Vorsänger den zweiten Akt, allmählich fallen mehrere ein, bis zuletzt der ganze Chor wieder in voller Thätigkeit ist, und so reich an Tönen, Trillern

und Läufern, Pianos, Fortes und Allegros ein derartiges Katzenkonzert ist, so unerträglich ist es dem ruhebedürftigen Menschen.

Bei diesen nächtlichen Musik- und Liebesgelagen sammeln sich allmählich die sämtlichen Katzen der Umgegend auf den umliegenden Dächern an, jeder anwesende Kater sucht durch ein besonders innig vorgetragenes Liebeslied seine Auserkorene zu bethören und Mieze ihrerseits antwortet in seelenvollen Tönen, unterstützt mit hohem Sopran den nächtlichen Männerkatzengesang. Wer in stiller Nacht von solchen musikalischen Kunstleistungen der nächtlichen, langgeschwänzten, sammetpfotenen Ruhestörer heimgesucht wird, der schwört den Übelthätern bittere Rache.

Bei diesen Gelegenheiten giebt es oft genug zwischen den Rivalen mörderische Kämpfe, denn auch sie kämpfen gleich unseren Minnen im Mittelalter um Frauenschönheit!

Die Bewerbung ist für die Katze eine aufregende Zeit und in dieser bleibt sie oft einige Tage von ihrem Heim entfernt, der Kater manchmal eine ganze Woche und länger. Doch bekundet sich bei gut erzogenen und wohlgepflegten Katzen auch während der Ranzzeit die Anhänglichkeit und sie kehren dann wohl ab und zu nach Hause, um einige Nahrung zu sich zu nehmen; im allgemeinen tritt aber erst nach Verlauf von 8—14 Tagen wieder vollständige Ruhe ein. Die Zeit der Fortpflanzung läßt sich bei der weiblichen Katze leicht erkennen, denn sie zeigt in dieser Zeit eine auffallende Unruhe, von einem unbewußten Drange geleitet, eine Koketterie, die man sonst nicht an ihr wahrnimmt, so namentlich im Schmeicheln fremder Gegenstände, durch eigenartiges Herumwälzen und Rutschen auf dem Boden; auch verläßt sie entgegen ihrer sonstigen Gewohnheit öfter das Haus, entfernt sich weiter wie sonst und sucht in die Nähe herumstreifender Kater zu gelangen.

Leidenschaftlicher erweist sich der Kater, dem man die innere Aufregung ansieht; ruhe- und rastlos streift er umher, und durch seinen übelriechenden Urin, den er allenthalben absetzt, wird er geradezu lästig. Nur selten kehrt er zu den sonst streng innegehaltenen Mahlzeiten zurück; von Liebesdrang gequält, verschmäht er meist alle Nahrung oder nimmt doch nur flüchtig wenig auf. Erst wenn die Ranzzeit sich ihrem Ende nähert, kehrt er abgemagert und abgemattet zur heimischen Scholle zurück, stillt den quälenden

Hunger und pflegt dann einige Tage der langentbehrten, wohlthuenden Ruhe, um im wohlthätigen Schlaf den ermatteten Körper zu stärken.

Trächtigkeit und Geburt.

Die Hauskatze geht 55—56 Tage tragend. In der ersten Zeit der Trächtigkeit zeigt sich kaum eine merkliche Veränderung, auch nicht in ihren Gewohnheiten; dagegen wird sie in den letzten acht Tagen auffällig unlustig, streicht weniger wie sonst umher, sucht Ruhe und abgelegene Orte auf. Verminderte Freßlust tritt ein, der Appetit verringert sich, nur daß sie öfter von der gefüllten Milchschüssel Gebrauch macht.

Gutgepflegte Katzen, die an liebevollen Umgang mit ihrem Pfleger gewohnt sind, suchen gegen Ende der Tragzeit gern deren Nähe auf, wogegen scheue verschlagene Katzen den Umgang mit Menschen möglichst meiden und stille abgelegene Stellen, wie: Heuboden, Scheunen ꝛc. aufsuchen, um da ihr Wochenbett aufzuschlagen. Alle aber lieben in der schweren Stunde möglichst Stille und Ruhe, einen nicht zu hellen Raum und eine weiche Unterlage, um ihren Kindersegen sorglich betten zu können.

Wir besaßen eine Katze, die allemal ihr Wochenbett bei den Hunden im Stalle aufschlug und nach der Geburt die Kätzchen einzeln ins Haus brachte, an einer, ihr geeignet erscheinenden Stelle niederlegte und da ihr Lager aufschlug. Von dieser Gepflogenheit hat sie nie Abstand genommen. Eine Katze unseres Nachbars hingegen, die sehr ans Haus gewöhnt war, brachte ihre Jungen, trotzdem ihr Lager in der Stube hinterm Ofen immer zurecht stand, stets in der Scheune zur Welt; sie wollte absolut unbeobachtet bleiben.

Stets haben wir bei werfenden Katzen die Vorsicht beobachtet und auch als zweckdienlich befunden, ihnen eine geräumige, flache Kiste mit weichem Heu gefüllt, hinzustellen, in welchem sie meist eine nestartige Vertiefung wühlten. In der Nähe dieser Wochenstube wurde eine Schüssel warmer Milch mit Zusatz einiger Tropfen guten Olivenöls hingestellt, von deren Inhalt stets ausgiebiger Gebrauch gemacht wurde.

Meist geht die Geburt ohne sonderliche Zwischenfälle und verhältnismäßig leicht von statten, höchstens bei dem ersten Wurf noch junger Katzen, kann es einmal Schwierigkeiten absetzen, aber fast immer werden sie sich selbst zu helfen wissen. Nach dem Geburtsakt tritt gewöhnlich eine sichtliche Ermattung ein und man muß die Wöchnerin in den ersten Stunden ungestört ausruhen lassen. Inzwischen wird sie die Jungen eifrig belecken und die Nabelstränge abbeißen und ihren Nachwuchs an die Brust bringen.

Die Zahl des Geheckes schwankt je nach dem Alter der Katze. Junge Katzen werfen in der Regel 2—3, ältere 3—5 und mehr. Die Wurfzeit erfolgt zweimal im Jahre und zwar meist Ende April oder zu Anfang Mai, daher auch der Name „April- oder Maikatze" und gegen Ende August. Ausnahmen kommen auch hier vor, doch ist die normale Wurfzeit wie angegeben.

Die jungen Katzen kommen blind zur Welt, werden von der Mutter aufs sorgfältigste gepflegt und gereinigt und aufmerksam wacht sie darüber, daß die schwächeren von den stärkeren nicht ganz verdrängt werden. Die jungen Kätzchen saugen bis zur vollen Sättigung und bringen die Zeit der Verdauung mit schlafen zu. So geht es in den ersten 8 Tagen ohne sonderliche Änderung zu. Die Mutter überwacht mit einer aufopfernden Liebe ihren Kindersegen, ordnet und regelt die noch unbeholfenen Sprößlinge an der milchstrotzenden Brust, damit jedes sein richtig Teil bekommt, hält das Nest rein und verzehrt mit Wohlbehagen den abgehenden Unrat der Kleinen; eine Gepflogenheit, die man bei fast sämtlichen Raubtieren und auch bei den Hunden wahrnimmt.

Während dieser Zeit verläßt die Katze nur zum Aufnehmen von Nahrung und zur Reinigung das Nest und sucht nach Befriedigung ihrer Bedürfnisse dasselbe wieder schleunigst auf, um den Jungen die noch so nötige Wärme, nicht zu lange zu entziehen. Für reichliche Nahrung, namentlich Milch und milchbildender Speisen, muß man in der ersten Zeit Sorge tragen, damit die säugende Katze auch im stande ist, genügend Muttermilch an ihre Kinder abgeben zu können.

Wird nicht beabsichtigt, den ganzen Wurf aufzuziehen, so ist das Entfernen und Töten der überzähligen Kätzchen, nachdem man seine Auswahl getroffen, in den ersten drei Tagen vorzunehmen und zwar selbstredend in Abwesenheit der Mutter, während diese Nahrung zu sich nimmt, oder sich draußen reinigt. Jeder fühlende Mensch wird die zu beseitigenden Jungen gewiß nicht in Gegenwart der alten Katze töten und auch die Tötung selbst auf eine humane und wenig schmerzhafte Weise vornehmen. Entschieden barbarisch ist es, die Jungen einfach ins Wasser zu werfen und sie so einem qualvollen Tode preiszugeben. Wer es nicht über sich bringen kann, die Tierchen durch einen Schlag auf die Nase oder den Hinterkopf ins Jenseits zu befördern, der packe sie in ein nicht zu dichtes Tuch, damit das Wasser schnell durch dringt, beschwere dieses mit einem Stein und versenke so die ganze Packung ins Wasser. Wo solches, nämlich Bach oder Fluß nicht vorhanden, genügt auch ein tiefer Eimer voll Wasser, um die peinliche Prozedur vorzunehmen. Wartet man mit der Tötung länger wie zwei bis drei Tage, oder läßt die Kätzchen erst acht oder vierzehn Tage alt werden, so ist einerseits der Schmerz für die Mutter ein viel empfindlicherer und andererseits auch der Tod für die bereits mehr entwickelten Jungen ein qualvollerer.

Mit dem neunten Tage brechen allmählich die Augen der jungen Katzen auf; erst ist nur ein feiner Spalt bemerkbar, der sich immer mehr vergrößert, bis das Auge voll geöffnet ist. Die alte Katze sucht diesen Prozeß durch fleißiges Belecken der aufbrechenden Augen zu beschleunigen und wo dies nichts fruchtet, ist es unbedingt notwendig, daß man mit einem weichen Schwämmchen und lau= warmem Wasser die Augen der kleinen Kätzchen sanft bestreicht; man hüte sich aber dieselben naß zu machen, da dadurch leicht Ent= zündungen hervorgerufen werden. Der mit Wasser gefüllte Schwamm muß ausgedrückt werden und erst dann kann man mit ihm das Befeuchten der Augen vornehmen. Anfangs glotzen die jungen Kätzchen, des hellen Tageslichtes noch ungewohnt, teilnahmlos und blöde in die Welt; nach einigen Tagen aber zeigt sich schon mehr Ausdruck, das Auge wird beweglicher und verliert den stieren Blick. Die Ohren der Kätzchen sind bei der Geburt noch ziemlich klein und fast bewegungslos, erst nach etwa acht Tagen steifen sich dieselben und haben dann auch bereits an Größe erheblich zugenommen, dann tritt auch mehr Beweglichkeit in die Lauscher und schon be= ginnen sich dieselben bei auffallendem Geräusch zu spitzen. Sobald Auge und Ohr in diesem Entwickelungsstadium begriffen sind, ver= suchen die drolligen Tierchen, allerdings noch äußerst unbeholfen, im Neste herum zu kriechen, es wird lebendiger, auch beim Säugen.

Das Drängen zur milchbietenden Brust wird schon ungestümer und mit knetenden Trittübungen suchen sie den Ausfluß der Milch aus den Zitzen zu beschleunigen. Der Magen verlangt schon ein größeres Quantum, da das Wachstum nunmehr rapid vorwärts schreitet. Um den jungen Kätzchen die nötige Kraft zur Entwickelung zuzuführen, muß die Katze reichlich und mit guter Nahrung unterstützt werden, denn nur so kann sie, ohne selbst darunter zu leiden, die stets hungrige Kinderschar erhalten.

Aufzucht, Entwöhnung und Erziehung.

Wie lange man junge Katzen bei der Mutter belassen soll, hängt lediglich von der Milch derselben ab. Wenn diese noch reichlich fließt, soll man ihr unbedingt die Jungen belassen bis die Milch zu versiegen beginnt, denn die Muttermilch ist durch nichts anderes zu ersetzen.

Es können aber Fälle eintreten, wo sich die Milch frühzeitig verliert oder doch nur in so geringer Menge fließt, daß sie für die Ernährung der Kätzchen nicht genügt; dann muß man der Mutter zu Hilfe kommen und durch künstliches Beibringen von Nahrung, falls die Tierchen noch zu jung und nicht selbständig saufen können, das Fehlende zu ersetzen suchen. Man nimmt eine kleine Kinderflasche, auf welcher man einen nicht zu großen Gummisauger setzt und steckt diese künstliche Zitze dem Kätzchen ins Maul, welches nun alsbald zu saugen beginnt.

Mit der Entwöhnung tritt für die kleinen Kätzchen eine schlimme Zeit ein, da durch die Entziehung der Muttermilch und die veränderte Nahrung leicht Verdauungsstörungen sich einstellen. Es empfiehlt sich daher, in der ersten Woche zwischen durch, immer noch abgekochte, ein wenig versüßte Kuhmilch tagsüber zu geben, bis die Kätzchen sich an den Nahrungswechsel gewöhnt haben. Übrigens schadet es durchaus nichts, wenn auch für die Folge den jungen Kätzchen die Milchschüssel zugängig bleibt, es ist sogar geraten, ihnen dieselbe im ersten Halbjahr überhaupt nicht zu entziehen. Erst nach vorgeschrittenem Wachstum und nachdem sie hinlänglich gekräftigt sind, kann die Milch in geringeren Gaben und mit Wasser verdünnt gegeben werden.

In der fünften bis sechsten Woche ist das Milchgebiß schon so weit entwickelt, daß das junge Kätzchen im stande ist, feste Nahrung zu kauen, und dann ist auch die geeignetste Zeit, dieselben allmählich zu entwöhnen. Die Entwöhnung selbst darf nicht plötzlich vorgenommen werden, da sie den noch jungen Tieren verhängnisvoll werden könnte. Man muß versuchen, sie zur Annahme einer anderen Speise zu animieren, am besten, wie bereits erwähnt, Milch, welcher man Weißbrot zubrockt, doch muß diese lauwarm sein. Läßt die alte Katze die Jungen noch zu, so lasse man sie ruhig säugen. Verfährt man auf diese Weise einige Tage, so kann die Entwöhnung ohne Gefahr für die Kätzchen vorübergehen. Die alte Katze merkt am besten, wenn es Zeit ist ihre Jungen abzudrängen; läßt die Milch nach und das nadelscharfe Gebiß wird ihrem Gesäuge zu empfindlich, so wird sie von selbst die zudringlichen Kinder abwehren. Dann versucht sie wohl auch, wenn es ihr eben möglich ist, irgend ein Mäuschen zu erhaschen, um ihrem Nachwuchs nicht allein Unterhaltung zu bieten, sondern auch Gelegenheit zu geben, ihre Krallen und Zähne an diesem zu versuchen.

Jetzt erst beginnt das junge Katzenleben interessant zu werden. Die bereits ziemlich entwickelten Kätzchen versuchen, wenn auch noch recht ungeschickt und tölpelhaft unter drolligem Gebahren und lebhaftem Herumtollen, die von der Mutter gebrachte und schon ziemlich zugerichtete Maus zu erhaschen; jede will die erste sein, die die Beute fängt und in diesem übereifrigen Bestreben verlieren sie das Gleichgewicht, kugeln bald hier, bald dort hin, wälzen und drängen sich auf einen Knäuel zusammen, bis es der Gewandtesten gelingt, die dem Verenden nahe Maus zu erwischen und unter wohlgefälligem Schnurren gegen die andrängenden Geschwister zu behaupten.

Bei diesem ersten Versuche kommt schon bei den kleinen Teufelchen die wahre Katzennatur zum Durchbruch. Funkelnden Auges werden die Flucht- und Befreiungsversuche der in Todesängsten befindlichen Maus verfolgt, mit noch ungelenkem Tatzenanschlag werden diese vereitelt und solange mit dem armen Opfer herumgezerrt, bis es kein Lebenszeichen mehr von sich giebt. Die Alte sieht dem Treiben ihres vielversprechenden Gehecks mit Wohlgefallen zu, greift auch wohl, wenn die

Maus den noch nicht völlig fixen Kätzchen zu entwischen droht, thätlich zu, giebt ihnen Anleitung, wie sie zu fassen und zu fangen ist, kurzum es hat oft genug für den aufmerksamen Beobachter den Anschein, als suche sie die Spiele der Jungen zu leiten und zu regeln.

Alles erregt die Aufmerksamkeit der kleinen, drolligen Kätzchen, nichts bleibtununtersucht, alles muß ihrem Übermut herhalten. Bald ist es ein Strohhalm, ein Fetzen Papier, ein Lappen, ein Garnknäuel u. dergl., an dem sie ihre Spiellust auslassen, die sie mit ihren Pfötchen hin und her zu bewegen suchen, und wenn gar irgend ein Gegenstand ins Rollen gerät, so ist der Lust kein Ende. Die ganze Schar tobt und tollt hinterher, im Springen und Haschen sich gegenseitig überbietend, bis sie ermüdet das Lager wieder aufsuchen.

Bereits nach kurzer Zeit verliert das Kätzchen sein unbeholfenes Wesen, gewinnt an Geschmeidigkeit und Beweglichkeit. Das Auge ist ausdrucksvoller geworden, die blaue Farbe desselben ins Gelbgrünliche übergegangen und die Öhrchen beginnen ihr charakteristisches Mienenspiel. Selbst im Nest wird nunmehr der Alten keine Ruhe gegönnt, auch sie muß dem Übermut standhalten und alles über sich ergehen lassen.

Besonders der Schwanz der Katzenmutter gilt als anziehender Gegenstand zu den Spielereien, und die Alte versteht es, durch schlängelnde Bewegung desselben ihre Rangen vollauf zu beschäftigen. Mit unerschütterlicher Ruhe läßt sie geduldig alles über sich ergehen; wird es ihr gar zu toll, so langt sie wohl auch dem einen oder anderen Naseweis eine Maulschelle.

Wenn man eine solche Katzenfamilie in ihrem komischen Treiben beobachtet, muß man sich unbedingt an dem lieblichen Tierbilde erfreuen, denn kein anderes Haustier, selbst der Hund nicht, bietet ein so inniges und zärtliches Einvernehmen zu seinen Jungen, wie eine Katzenmutter.

Mutterliebe.

Wohl bei keinem anderen Tiere, insbesondere bei unseren Haustieren, ist die Mutterliebe eine so tiefe, innige, fürsorgliche und aufopfernde, wie bei der Katze. Was sie an Zärtlichkeit besitzt, gehört ihren Jungen; in liebevoller Hingabe zu diesen wird sie nicht übertroffen. Mit welcher Sorgfalt putzt und leckt sie ihre Kleinen, wie aufmerksam wacht sie über deren Wohlbefinden, all ihr Denken und Fühlen ist nur bei ihrem Kindersegen. Sie geht in der Erfüllung der Mutterpflichten vollständig auf, hat kaum noch für etwas anderes Sinn, und selbst die Anhänglichkeit an ihre Besitzerin oder ihren Herrn kann diese keinen Augenblick in den Hintergrund drängen. Ihr Glück ist vollkommen, wenn sie in ihrem Nest, von den Jungen umlagert, ruht, und selbst wenn diese bereits ziemlich herangewachsen sind, ist sie noch immer in fürsorglicher Weise um sie bedacht.

Mit sichtlichem Stolz blickt sie auf ihren vielversprechenden Nachwuchs, und kommt erst die Zeit, wo derselbe seine übermütigen Spiele treibt, so wird sie oft genug die Anregerin zu allerlei Kurzweil, die Lehrmeisterin für das fernere Leben der Katzenjugend. Gehen die Jungen durch irgend eine Ursache ein, dann ist der Jammer der Katze unbeschreiblich; tagelang geht sie schreiend, klagend und suchend umher, und es kommt vor, daß — wenn die Jungen nicht gut beiseite gebracht wurden — sie dieselben aufsucht, ausscharrt und wieder zu Neste bringt. Bleibt ihr dagegen auch nur ein Sprößling übrig, so giebt sie sich leicht zufrieden, und all ihre Liebe, Sorgfalt, Zärtlichkeit und Aufopferung konzentriert sich nun auf diesen. In den Spielen mit ihren Kindern wird sie selbst zum Kinde.

Es sind genügend Fälle bekannt, daß Katzen, denen die Jungen zu Grunde gingen oder weggenommen wurden, sich anderer junger Tiere annahmen und sie an Kindesstatt pflegten, säugten und mit wahrer Liebe großzogen, und selbst solche, die im gewöhnlichen Leben aufs äußerste von ihr befehdet werden.

Brehm erzählt von einer Katze, die ein junges Eichhörnchen säugte. Einer jung aufgezogenen Katze brachte er, als sie das erste Mal Junge geworfen hatte, ein noch blindes Eichhörnchen, das einzige überlebende von dem ganzen Wurfe, welchen er hatte großziehen wollen. Die übrigen Geschwister des kleinen netten Nagers waren unter seiner Pflege gestorben, und deshalb wurde beschlossen, zu versuchen, ob nicht die Katze sich der Waise annehmen werde. Und sie erfüllte das in sie gesetzte Vertrauen. Mit Zärtlichkeit nahm sie das fremde Kind wie ihre eigenen auf, nährte und wärmte es aufs beste und behandelte es gleich vom Anfange an mit wahrhaft mütterlicher Hingebung. Das Eichhörnchen gedieh mit seinen Stiefschwestern vortrefflich und blieb, nachdem diese schon weggegeben waren, noch bei seiner Pflegemutter. Nunmehr schien diese das Geschöpf mit doppelter Liebe anzusehen. Es bildete sich ein Verhältnis aus, so innig, als es nur immer sein konnte. Mutter und Pflegekind verstanden sich vollkommen, die Katze rief nach Katzenart, Eichhörnchen antwortete mit Knurren. Bald lief es seiner Pflegerin durch das ganze Haus und später auch in den Garten nach. Dem natürlichen Triebe folgend, erkletterte das Eichhörnchen leicht und gewandt einen Baum, die Katze blinzelte nach ihm empor, augenscheinlich höchst verwundert über die bereits so frühzeitig ausgebildete Geschicklichkeit des Grünschnabels, und kratzte auch wohl schwerfällig hinter ihm drein. Beide Tiere spielten mit einander, und wenn auch Hörnchen sich etwas täppisch benahm, der gegenseitigen Zärtlichkeit that dies keinen Eintrag, und die geduldige Katze wurde nicht müde, immer von neuem wieder das Spiel zu beginnen. Später säugte die nämliche Katze junge Kaninchen, Ratten, junge Hunde groß, und Nachkommen von ihr zeigten sich der trefflichen Mutter vollkommen würdig, indem sie ebenfalls zu Pflegerinnen anderer verwaister Geschöpfe sich hergaben.

Man erzählt sogar, daß die Katze sich junger Mäuse in Ermangelung eines anderen Pflegekindes annehmen soll, doch ist es kaum glaublich, daß eine junge Maus die Zitzen der Katze zum Säugen fassen kann.

Folgender selbst erlebter Fall mag als Beweis für die große Pflegelust der Katzen sprechen. Unsere Foxterrier-Hündin „Thora" warf 9 Junge und zur selben Zeit hatte auch unsere „Miez" 2 Junge

Um nun zu versuchen, ob sie die jungen Hündchen adoptieren würde, legten wir ihr erst eins ins Nest, und zu unserer größten Verwunderung brachte sie dasselbe an das Gesäuge, ließ es ruhig saugen und behandelte es gleich ihren eigenen Kindern; das veranlaßte uns, zwei weitere Hündchen beizulegen und auch diese wurden ohne weiteres angenommen; alle drei gediehen aufs prächtigste, lebten später im besten Einvernehmen mit ihren Stiefgeschwistern und ihrer Pflegemutter, und selbst nachdem die jungen Hunde schon ziemlich herangewachsen waren, suchten sie deren Nähe lieber auf, wie die der eigenen Mutter.

Fast wie eine Jägerschnurre aber lehrreich erscheint der nachfolgende Fall, den der „Hubertus" erzählt. In der Zeit des ersten Satzes erhielt Herr Baron von Löwen in Gräfenbrück in Thüringen ein „neugeworfenes" Häschen und nahm sich des Mutterlosen, das bereits in den letzten Zügen zu liegen schien, an, indem er versuchte, dasselbe mit der Flasche aufzuziehen. Dies schien jedoch erfolglos. Da bekam gerade die feiste Hauskatze Junge. Die Sprößlinge wurden sofort „konfisziert" und der junge Sohn der Wildnis der Katze untergeschoben. Anfänglich etwas verdutzt über diese Fälschung des Personenstandes, gestattete die alte Miau gleichwohl sehr bald dem Stiefkinde den Zutritt zur vollen Milchquelle. Bis zu diesem Punkte wäre nun der Fall kein Wunder des Tierlebens mehr, denn das ist ja auch „alles schon dagewesen". Aber nun entwickelte sich die possierliche Intimität zwischen der Pflegemutter und ihrem untergeschobenen Jungen, der unter der Wirkung der kräftigen Muttermilch sich zum kräftigen „Springinsfeld" entwickelt hatte.

Die alte Katze führte ihrem Ziehkinde eben eine gefangene Maus zu und erteilte diesem nun Unterricht im Mäusefangen in einer Weise, die „psychologisch" ebenso interessant, wie von zwerchfellerschütternder Wirkung ist. Stellt der Wildfang von Schüler sich gar zu täppisch an, so wird er angefaucht und schließlich rechts und links mit Knallschoten traktiert. Aber umsonst ist aller Liebe Mühe, Häslein thuts nicht. Entsetzt unterläßt die Katze den Unterricht im Mausen, als sie ihren Zögling beim Grasfressen überrascht. Ihr Haß gegen den Vegetarianer vermindert jedoch keineswegs die mütterliche Zärtlichkeit. Nach wie vor verkehrt die Pflegemutter in zärtlichster Weise mit dem entarteten Pseudosohne. Täglich legt sie ihm ein gemaustes Stück Fleisch oder eine gehaschte Maus vor als Beweisstück mütterlicher Aufmerksamkeit. Der Hase ist inzwischen groß und zahm geworden wie ein verhätscheltes Schoßhündchen. Jedem Lockruf des Hausherrn folgt Lampe sofort, läßt sich streicheln und steht mit den Hunden und namentlich mit seiner alten Pflegemutter im besten Einvernehmen.

Derartige Fälle, wo die Katze in Ermangelung eigener Kinder ihre Pflegelust an anderen jungen Tieren zu stillen sucht, sind nicht allzu selten und ließen sich davon noch eine Menge anführen.

Giebel, so sagt Brehm, erklärt solche Beweise der Mutterliebe und Pflegelust wie folgt. „Die Mieze legt in dieser Zeit", d. h. wenn sie Junge hat, „ihre Blutgier ganz ab und säugt sogar Ratten, Mäuse, Kaninchen, Hasen und Hunde auf, wenn dieselben an ihre Zitzen gelegt werden. Auch darin darf man, obwohl die Anhänglichkeit an die Pfleglinge noch lange sich äußert, keine eigentliche Liebe erkennen wollen, sie nimmt die fremde Brut nur an, um den Reiz in ihren Milchdrüsen und Zitzen zu stillen". Brehm ist aber der Ansicht, daß diese Deutung nicht ganz zutreffend sei, und führt aus: „daß Katzenmütter, denen man, unmittelbar nachdem sie geworfen haben, ihre sämtlichen Jungen nimmt, infolge des Reizes ihrer strotzenden Milchdrüsen, selbst darauf ausgehen, sich andere Säuglinge zu verschaffen, ältere Junge wieder säugen lassen, junge Hündchen, Häschen, Ratten und dergleichen herbeischleppen und diese an ihr Gesäuge legen, ist mir allerdings durch verbürgte Mitteilungen thatsächlich beobachteter Fälle wohl bekannt; solche Fälle scheinen mir jedoch aus dem Grunde nicht maßgebend zu sein, weil säugende Katzen, auch wenn man ihnen ihre Jungen läßt, andersartige hilflose Tierchen an- und aufnehmen. Hier handelt es sich nicht mehr einzig und allein um Stillung des durch die überfüllten Milchdrüsen verursachten Reizes, sondern um eine Pflegelust, welche in der durch die Liebe zu den eigenen Kindern wachgerufenen Gutmütigkeit, um nicht zu sagen Barmherzigkeit, Erklärung findet. Von einem Ablegen der Blutgier kann gar nicht gesprochen werden; denn die Mieze raubt, während sie Junge hat, nach wie vor, ja sogar eifriger als je; wohl aber darf man an zarte Neigungen und Empfindungen der Katze gegen Unmündige glauben. Wenn es, meine ich, ein Tier giebt, bei welchem sich das, was wir Mutterliebe nennen, in der unverkennbarsten Weise bekundet, so ist es die Katze. Hieran zu zweifeln, oder auch nur zu deuteln, zeigt gänzlichen Mangel an Verständnis für die geistigen Äußerungen des Tieres. Man beobachte nur eine Katzenmutter mit ihren Kindern, und man wird sicherlich zu anderen Anschauungen gelangen.

Nahrung und Fütterung.

Sowohl das Gebiß wie auch die Lebensweise rangieren die Katze unter die Gruppe der Fleischfresser, und im Freileben dürfte Fleisch auch die bevorzugte und ausschließliche Nahrung sein. Wildlebende Katzen nähren sich sowohl von Säugetieren wie Vögeln, Kriechtieren und Lurchen und zwar von den kleinsten an bis zu den größten, die zu bewältigen sie im stande sind.

Auch die Hauskatze ist ausgesprochener Fleischfresser, obschon sie sich in der Domestikation auch zur Annahme vegetabilischer Nahrung entschließt. Wird der Katze das Fleisch ganz entzogen, so verkümmert sie, und sie sucht dann jede Gelegenheit wahrzunehmen, um sich in den Besitz desselben zu setzen. Daraus resultiert, daß, wenn der Katze die Fleischnahrung im Hause entzogen oder doch in zu geringer Menge gegeben wird, sie ihren Gelüsten folgt, um sich schadlos zu halten, dann entweder zu Diebereien ihre Zuflucht nimmt oder aber dem Vogelfang obliegt.

Der Hauptfang wird bei gut erzogenen Katzen in Mäusen und Ratten bestehen; viele verzehren den Raub, andere wieder finden nur ihre Befriedigung im Fang und Morden und verschmähen das Fleisch der grauen Nager. Gleichviel liegen aber alle dem Fang mit Leidenschaft ob, bringen auch wohl oft das Ergebnis der Jagd zu Füßen ihres Herrn. Wir besaßen eine Katze, die regelmäßig jede gefangene Maus oder Ratte ins Haus brachte, sie hier miauend niederlegte und dann zum weiteren Fang sich entfernte; so lagen oft Dutzende getöteter Mäuse in der Küche.

Außer Mäusen und Ratten aller Art, verzehren die Katzen noch Eidechsen, Frösche, Schlangen, auch Käfer und Heuschrecken. Fische scheinen ihr besondere Leckerbissen zu sein und für diese ihre Lieblingsspeise, läßt sie alles andere stehen; sogar gesalzene und selbst saure Häringe sind mit eingeschlossen, woher auch wohl die Bezeichnung „Katzenjammer" herrühren mag. Es ist sogar beobachtet worden, daß die Katze mit Geschick dem Fischfang obliegt. Inwieweit aber nachstehende Geschichte, die das „Plymouth-Journal" (1828) mitteilt,[1]) auf Wahrheit beruht, lassen wir dahingestellt sein. „In dem Festungswerk, genannt Teufelspitze (bei Plymouth) lebt eine Katze, die in sehr geschickter Weise Fische fängt. Der Fischfang ist ihr zur Gewohnheit geworden. Täglich taucht sie in die See, fängt Fische und trägt sie im Maule in das Matrosenzimmer, um sie dort niederzulegen. Sie ist jetzt sieben Jahre alt, war stets ein guter Mauser, und man vermutet, daß ihre Jagden auf Wasserratten sie es wagen lehrten, auch der Fische wegen ins Wasser zu tauchen. Das Wasser ist ihr jetzt unentbehrlich geworden, wie dem Neufundländerhund; sie macht täglich ihre Wanderungen am felsigen Ufer, jeden Augenblick bereit, ins Meer zu tauchen, um eine Beute zu erwischen".

Bei einem zehnjährigen Aufenthalt in Hamburg haben wir fast täglich Gelegenheit gefunden, zu beobachten, wie die Katzen den Fischweibern durch die Straßen nachziehen, um Abfälle in Empfang zu nehmen. Bereits frühmorgens, wenn die Weiber ihre, von den eingelaufenen Fischerbooten erhaltenen, frischen Seefische in den Straßen mit lauter Stimme feilbieten, finden sich die Katzen aus den Häusern ein und ziehen dann oft zu Dutzenden nach, um die abgeschnittenen Köpfe und Eingeweide von Schollen, Zungen ꝛc. in Empfang zu nehmen. Man kauft dort meist die Fische, nachdem ihnen Kopf und Eingeweide ab- und ausgenommen sind, und diese werden den sich immer zahlreich einfindenden Katzen willig überlassen.

Unsere eigenen Beobachtungen in dieser Beziehung, ergaben wohl die Vorliebe für Fischfleisch und auch die Geschicklichkeit der Katzen im Herausfischen von Goldfischen, Schleierschwänzen ꝛc. aus dem Zimmeraquarium, im Freien haben wir indes noch nie eine fischende Katze angetroffen.

---

[1]) Mellens Katzenbuch S. 22.

Nahrung und Fütterung.

Daß die öffentliche Fütterung von Katzen in Rom, London und Paris wirklich stattfindet, ist des öfteren von zuverlässigen Berichterstattern mitgeteilt worden, in London selbst haben wir während eines kurzen Aufenthalts nichts derartiges wahrnehmen können, es wurde uns aber versichert, daß in verschiedenen Vierteln die Katzen öffentlich gefüttert würden.

Michel berichtet folgendes: „Noch heutzutage lieben die Römer gar sehr die Katzen. Diese Tiere werden in Rom auf eine besondere Art gefüttert. Der Abdecker, oder gewisse Männer, die das Fleisch gefallener Tiere von ihm kaufen, tragen solches an Stangen, die an beiden Enden damit bedeckt sind, durch die Straßen. Auf ein bestimmtes Geschrei dieser Männer kommen aus allen Ecken die Katzen zusammen und stellen sich in die Thüren, wohin das Fleisch für sie geworfen wird. Die Eigentümer der Katzen haben monatlich eine kleine Vergütung zu zahlen. Ähnliches geschieht in Genf, wo die Katzen auf den Straßen so zahlreich sind, wie die Hunde in Konstantinopel.

Am großartigsten ist die Katzenfütterung (cats meat business) in London. Hier werden wöchentlich an 200000 Pfund Fleisch zu diesem Zwecke (allerdings nehmen auch Hunde an der Fütterung teil) verbraucht. Das Pfund kostet im Durchschnitt $2^1/_2$ Pence; es werden also wöchentlich 2000 Liv. Sterling für die Unterhaltung der Katzen verwendet. Mayhew schätzt die Fleischhändler für Katzen und Hundefütterung auf tausend, wovon jeder jährlich mindestens 50 Liv. Sterling verdient; die Zahl der in London residierenden Katzen giebt er auf ca. 300000 an".

Milch ist für Katzen immer eine Leckerei und man sollte ihr diese nie vorenthalten, um sie nicht zum Naschen zu veranlassen, ebenso sind Süßigkeiten aller Art von den Katzen sehr begehrt. Milch und Brot, Gemüse und Fleisch, süße Suppen ꝛc. sollten die stete Nahrung der Hauskatze bilden, regelmäßig gegeben und in sauberen Schüsseln gereicht werden. Eine gut genährte Hauskatze, macht immer einen besseren Eindruck, wie eine vernachlässigte, und sie erweist sich für jede ihr gebotene Pflege, für jedes gute Wort dankbar. In der Regel sind derart gehaltene Katzen auch gute Mäuse- und Rattenvertilger, hingegen die vernachlässigten die eifrigsten

Vogelfänger. Über die Fütterung junger Katzen, ist im Abschnitt „Aufzucht ꝛc." das nähere mitgeteilt.

Nach beendigter Mahlzeit liebt auch die Katze, wie alle anderen Tiere die Ruhe und schnurrend rollt sie sich auf ihrem Lager zusammen, um derselben zu pflegen. Man gönne ihr dieselbe daher am Tage, und sie wird desto fleißiger in der Nacht dem Ungeziefer in Haus und Hof nachstellen.

Die Sinne der Katze.

Das Sehvermögen der Katzen ist wie bei allen Tieren, die auf eine mehr nächtliche Lebensweise angewiesen sind, hoch ausgebildet. Das Auge der Katze ist ziemlich groß und die Iris besitzt die Fähigkeit, sich je nach der Einwirkung des Lichtes zu verengen oder zu erweitern; dies wird durch die hochentwickelte Empfindlichkeit der Regenbogenhaut hervorgerufen, die sich bei hellem Tages- oder Sonnenlicht bis zu einem ganz feinen senkrechten Strich zusammenzieht und in der Dunkelheit zu einem großen kreisrunden Loch (Pupille) erweitert. In der Dunkelheit leuchtet die Retina[1]) der Katzen sehr stark, ähnlich wie bei den Nachtvögeln: Eulen ꝛc., und man kann dann wohl vom Katzenauge sagen: „Es glüht wie eine Kohle"! Die Chinesen benutzen diese Eigentümlichkeit des Katzenauges zur Bestimmung der Tageszeit.

Über die Farbe der Augen, die namentlich bei den Hauskatzen ziemlich variiert, verbreitet sich Martin in seinem Buche „Das Leben der Hauskatze" folgendermaßen: „Die Farbe der Katzenaugen ist bei wilden Arten in der Regel nicht viel von dem allgemeinen Farbenton der umgebenden Haare verschieden, was für ein not-

---

[1]) Die Netzhaut des Auges.

wendiges Anpassungsvermögen spricht. Wir sehen daher das Löwenauge mit fast den Haaren gleichgefärbter Iris, in welcher natürlich eine Menge verschiedener marmorierter Zeichnungen abwechseln. Ähnlich verhält es sich beim Tiger, dem Kuguar (Puma), Panther und bei der Wildkatze bis zu unserer normal gefärbten Hauskatze herab, wogegen die abnormen Färbungen des Pelzes auch abnorm gefärbte Augen bedingen. Aber selbst in diesen scheinbar willkürlichen Färbungen verfährt die Natur nach eigenen Gesetzen, die wir hier etwas näher betrachten wollen.

Um uns hierin klar zu werden, müssen wir bei den Jugendzuständen anfangen und da finden wir, daß alle jungen Katzen, wie fast alle jungen Tiere überhaupt, in den frühesten Alterszuständen durchweg blaugraue Augen haben. Dies rührt daher, daß dem jugendlichen Auge (der Mensch nicht ausgenommen) der spätere Farbstoff der Iris noch größtenteils fehlt, welchen sie erst nach späterer Entwickelung allmählich erhält. Wir sehen das blaugraue Auge aber mit der Ausbildung des Körpers gewöhnlich bald verschwinden, dagegen aber da zurückbleiben, wo auch der Körper wenig oder gar keinen Farbstoff erhält, wie z. B. bei den meisten weißen Katzen und Hunden, Gänsen 2c. und bei hellblonden Menschen, welche fast immer blaue oder blaugraue Augen behalten, doch giebt es auch hier Ausnahmen und weiße Katzen mit gelben Augen".

Darwin, in Variat. II., S. 436, behauptet: daß weiße Katzen mit blauen Augen fast immer taub wären.[1]) Wenn aber von einem Wurf ein oder das andere Junge nur den kleinsten farbigen Fleck am Pelze zeige, so hören sie. Ist auch nur ein Auge nicht blau, so hört die Katze. Weiße Katzen mit nicht blauen Augen sind nie taub. Das gilt für englische, persische, dänische und französische Katzen.

Martin meint, daß es doch sonderbar wäre, wenn die Beobachtungen des sonst so scharfsichtigen Darwin sich nicht auch auf deutsche weiße Katzen mit blauen Augen anwenden ließe und sagt, daß er schon viele solcher Katzen gesehen, aber keine taub ge-

---

[1]) Bei Hunden mit blauen oder sogen. Glasaugen ist dies häufig der Fall, so auch bei den weißen Bullboggen, Bullterriers und selbst bei weißen Kaninchen.   Der Herausgeber.

funden habe. Dagegen habe er immer bemerkt, daß solche Katzen äußerst schwächlich und von wenig Temperament waren, was daher komme, daß mit dem Fehlen des Farbenpigments auch sonstige Schwächen verbunden sind; doch sei er gern bereit, sich eines Besseren belehren zu lassen, wenn er sich durch seine Antipathie gegen weiße Katzen geirrt haben sollte.

Da wir unsererseits immer eine gewisse Vorliebe für weiße, besonders Angorakatzen haben, so sind uns zwei Fälle bekannt, daß zwei weiße Katzen mit blauen Augen total taub waren, wogegen wieder andere ein nur schwaches und einige ein normales Gehör zeigten.

Die blaue oder blaugraue Farbe tritt mit zunehmendem Alter ins gelbe oder braune über oder absorbiert sich gänzlich durch das Gelbe ins Gelbgrüne. Die Iris einer normal gefärbten, graugestreiften Katze, welche dem Naturzustand am nächsten steht, sättigt sich nach Martin ins Graugelbe mit einem Ton ins Grüne, wogegen die schön blaugestreifte Katze ein mehr gelbes Auge, die einfarbig blaugraue Katze dagegen ein hellgelbes Auge, wie z. B. auch die meisten Schecken und sogen. Dreifarbigen, und endlich die rein schwarze Katze ein schönes hellgelbes Auge zeigt.

Das Gehör dürfte nächst dem Gesicht der Katze einer der höchst entwickelten Sinne derselben sein, und es steht fest, daß beide sich beim Beschleichen der Beute unterstützen, ohne daß der eine über den andern dominierte. Daß die Konstruktion des Auges die Katze befähigt, selbst im vollständigen Dunkel alles deutlich zu erkennen und daß sie beim Rauben wesentlich durch ihr seines Gehör unterstützt wird, ist ohne Zweifel. Für die scharfe Sehkraft zeugt auch noch der Umstand, daß die Katze es liebt, von erhöhtem Standpunkt ihr Opfer zu belauern. Selbst in weiter Ferne erspäht das Katzenauge Gegenstände, die seine Aufmerksamkeit rege machen, und man kann leicht an jungen Katzen wahrnehmen, daß sie vorüberfliegenden Vögeln noch lange nachschauen und sie noch erblicken, wenn solche für das Menschenauge längst entrückt sind.

Daß der Blick des Katzenauges etwas falsches und unstetes habe, glauben wir nicht, und wer sich viel und eingehend mit Katzen beschäftigt hat, wird die Überzeugung haben, daß ihr Blick an Innigkeit und Aufmerksamkeit gegenüber ihr wohlwollenden Personen, nichts zu wünschen übrig läßt. Im Blick der Katze spiegelt sich deren ganzes Seelenleben wieder. Ohne Scheu hält sie den Blick des sie beobachtenden Menschen aus, ohne zu zucken oder Unbehagen zu zeigen, wogegen der Hund schon in wenigen Augenblicken sein Auge senkt und abwendet; er kann im Gegensatz zur Katze den anhaltenden Blick des Menschen nicht ertragen.

Der Gehörapparat der Katze ist durch die sehr stark entwickelten Knochenblasen des Felsenbeines ein außerordentlich hoch ausgebildeter, und wie bei allen feinhörigen Tieren so absorbiert auch die Katze eine Menge Ohrenschmalz und bei gesunden Exemplaren sieht man das ganze Ohr damit befeuchtet. Bei kranken Katzen versiegen die schmalzbildenden Ohrendrüsen und bei schwerer Erkrankung tritt nicht selten Taubheit ein oder das Gehör stumpft doch merklich ab.

Von der Feinheit des Katzengehörs erzählt Lenz folgendes: „Ich hatte mich eines Tages bei warmer, stiller Luft in meinem Hofe auf eine Bank im Schatten der Bäume niedergelassen und wollte lesen. Da kam eines von meinen Kätzchen schnurrend und schmeichelnd heran und kletterte mir nach alter Gewohnheit auf Schulter und Kopf. Beim Lesen war das störend; ich legte also ein zu diesem Zwecke bestimmtes Kissen auf meinen Schoß, das Kätzchen darauf, drückte es sanft nieder und nach zehn Minuten schien es fest zu schlafen, während ich ruhig las und um uns her Vögel sangen. Plötzlich sprang das Kätzchen mit ungeheurer Schnelligkeit rückwärts. Ich sah ihm erstaunt nach. Da lief nordwärts von uns ein Mäuschen von einem Busch zum anderen über glattes Steinpflaster, wo es natürlich gar kein Geräusch machen konnte. Ich maß die Entfernung, in welcher das Kätzchen die Maus hinter sich gehört hatte; sie betrug volle 14 m".

Martin giebt noch größere Entfernungen an: „Wie weit ein Katzenohr das Knistern einer Maus wahrnehmen kann, das richtet sich nach der umgebenden Ruhe oder Lebendigkeit. Man hat schon Entfernungen von 30 bis 40 Schritten beobachtet, und können bei nächtlicher Stille noch viel größere Entfernungen maßgebend sein".

Ferner kann man bei der Ranzzeit die Wahrnehmung machen, daß die Katzen das Schreien und Rufen ihrer Genossen auf ziemliche Entfernung hin hören und sofort beantworten.

Der **Geruch** dürfte bei der Katze am wenigsten entwickelt sein, weil die Nase wegen ihrer Kürze und der geringen Ausbildung der Geruchsnerven nicht auf weite Entfernungen windet. Trotz alledem ist die Riechfähigkeit doch nicht ganz unterdrückt, und sie weiß wohl die Gerüche der Küche und Speisekammer in nächster Nähe nach ihrem Gehalt zu würdigen und Wohlgerüche liebt sie über alles. Mit Baldrian (Valerianum officinalis) und Katzengamander (Teucrium Marum) kann man sie jederzeit kirren. So sagt Blasius in seinem Werke „Die Wirbeltiere Deutschlands": „Wenn man einige Stengel oder Blätter dieser Gewächse irgendwo hinlegt, so kann man sicher sein, daß sich in kurzem alle Katzen aus der Umgegend einfinden, um sich wie sinnlos auf diesem Kraut zu wälzen."

In Bezug auf diese Vorliebe für Wohlgerüche führt Martin noch folgendes aus: „Dies hat seine volle Richtigkeit und es ist überaus belustigend, diesem tollen Treiben zuzusehen, wie sie darüber herfallen und nicht eher aufhören sich darauf herumzuwälzen, bis sie, förmlich berauscht, endlich einer Art von Abspannung unterliegen."

Der **Geschmack** der Katzen, wenigstens der Hauskatzen, ist, wenn auch nicht hoch entwickelt, doch immerhin derart, daß sie mit Leichtigkeit den Unterschied der ihr gereichten Speisen wahrnimmt. Die Zunge ist mit einer Menge hornartiger, mit sich nach rückwärts krümmenden Spitzen oder Haken versehenen Warzen besetzt, wodurch dieselbe eine ziemliche Schärfe erhält. Diese Eigenschaft ist bei den größeren wilden Katzenarten wie Tiger, Löwe rc. so ausgeprägt, daß sie an den Knochen sitzendes Fleisch durch Belecken zu lösen vermögen und daß sie haarlose Hautstellen blutig lecken können. Stinkendes Fleisch, das für Hunde immer noch ein Leckerbissen ist, wird von der Katze nicht berührt, ebenso saure Milch und Speisen, die ihr durch die Zubereitung nicht gefallen, ein Zeichen, daß der Geschmack bei ihr nicht auf einer tiefen Stufe stehen kann. Im Gegenteil, sie ist recht wählerisch, dabei äußerst sauber im Fressen und eine Freundin von Näschereien.

Das **Gefühl** muß bei einem so hoch entwickelten Raubtiere wie die Katze ist, ein außerordentliches sein und findet seinen Höhepunkt in den den Bart bildenden Schnurr- oder Borstenhaaren; auch die beweglichen Lippen sind sehr empfindlich. Die Schnurr- oder Baarthaare sitzen in einem nervenreichen Gewebe und sie

empfinden die geringste Berührung. Eine der Barthaare beraubte
Katze fühlt sich unglücklich und erlangt nicht eher ihre volle Lebens-
lust wieder, bevor diese nicht nachgewachsen sind. Die Barthaare, fünfzehn an der Zahl jederseits, stehen in vier regelmäßigen
Reihen übereinander, die mittleren sind die längsten.
Doch nicht allein die Schnurrhaare besitzen diese große Empfindlichkeit, der ganze Pelz, sozusagen jedes einzelne Haar teilt diese,
und bei zufälliger Berührung mit irgend einem Gegenstand geht
ein Zucken über die ganze Haut. So nehmen auch die beweglichen
Ohren an dieser Empfindlichkeit teil, ein starker Luftzug, tropfender
Regen u. dergl. bereiten der Katze schon Unbehagen, und selbst die
nackten Fußsohlen scheuen jede ihr unangenehme Berührung.

Bekannt ist ferner, daß das Katzenhaar im Dunkeln, wenn
man dagegen und darüber streicht, sozusagen elektrische Funken
sprüht. Martin sagt: „Inwieweit die Elektricität des ganzen Pelzes
mit dem Gefühl zusammenhängt, darüber haben wir nur Vermutungen,
aber keine direkten Erfahrungen. Jedenfalls aber übt ein längeres
Liegen in der Sonne bei der Katze wie bei den meisten anderen
Tieren großes Wohlbehagen aus, und sammelt der Pelz ein großes
Quantum Elektricität auf, deren Knistern man hört, wenn man den
von der Wärme aufgedunsenen Pelz streicht; es ist zu bemerken,
daß schwarze Katzen dies am reichhaltigsten zeigen und förmlich
Funken sprühen, wenn man mit einer noch sonnenwarmen schwarzen
Katze plötzlich ins dunkle geht und rück- und vorwärts streicht. Das
aber eine solche Prozedur dem Tiere nicht lange behagt, beweisen
selbst ganz zahme Katzen, die bald anfangen ungeduldig zu werden.

An heißen gewitterreichen Tagen zeigen sich die Katzen sehr
beunruhigt und übel gelaunt, sie erschrecken bei jedem Blitz und
Donnerschlag, sträuben das Haar und suchen überall Zuflucht.

In seinen Briefen über Calabrien und Cicilien von 1791
schreibt Bartels über das furchtbare Erdbeben von 1783 über die
Katzen folgendes: die Katzen krümmten sich, ihre Haare standen
borstenartig auf, ihre Augen thränten und waren blutig, ihr Jammer-
geschrei gräßlich. Zwei Katzen in Messina suchten sich vor den
ersten Erschütterungen unter dem Fußboden durchzugraben, wieder-
holten diese vergeblichen Bemühungen in einem zweiten und dritten
Falle und liefen, als man ihnen die Thür öffnete, gerade zur Stadt

hinaus, wo sie sich in der Erde zu verbergen suchten. Dann kamen die Stöße und viele Häuser stürzten ein, unter anderen auch das des Kaufmanns, dem die beiden Katzen gehörten.

Interessant ist, wie man im vorigen Jahrhundert das Haar der Katzen zu Elektrisiermaschinen verwendete; man nahm statt der Harz-, Schwefel- oder Glascylinder, Katzenfelle die cylinderförmig ausgespannt wurden und benutzte auf diese Weise die elektrische Kraft. Zu diesem Zwecke sollten sich die schwarzen Katzen am besten eignen.

Das Spinnen und Schnurren ist eine Eigentümlichkeit des Katzengeschlechts und wird durch die Bildung des Kehlkopfes hervorgerufen. Dieser besteht aus fünf Knorpeln: dem Schild-, Ring- und zwei gießkannenartigen Knorpeln sowie dem Kehldeckel; zu diesem kommen noch am Rande des Kehldeckels in der Schleimhaut zwei kleine keilförmige Knorpel. Diese Knorpel sind durch feinhäutige Bänder verbunden und die oberen bilden die sogenannte Stimmritze. Unter den Bändern derselben liegen zwei feine Membranen, durch welche das bekannte „Spinnen" und „Schnurren" hervorgerufen wird. Es kann vorkommen, daß durch irgend einen Organisationsfehler eine Katze nicht spinnt oder doch nur ein undeutliches Röcheln hervorbringt, im allgemeinen ist das Schnurrvermögen aber schon von Jugend auf vorhanden und selbst junge, säugende Kätzchen geben ihr Wohlbehagen durch dieses kund. Mit zunehmendem Alter und auch bei übermäßigem Fettansatz, verliert sich das „Spinnen" allmählich und kommt nur noch undeutlich zum Vorschein.

Angora-Katzen, die sich bekanntlich, wegen ihres Wertes, einer sorgfältigen Pflege und Fütterung erfreuen und infolgedessen sehr träge sind und zur Fettbildung neigen, schnurren weniger, wenigstens kommt dieses nicht so zum Ausdruck wie bei der gewöhnlichen Hauskatze, die bei vollem Wohlbefinden von dieser Fähigkeit ausgiebigen Gebrauch macht. Kranke Katzen hingegen hört man wohl nur äußerst selten spinnen, und man kann daraus schließen, daß die Katze nur im vollsten Wohlbehagen emsig und anhaltend schnurrt.

Eigenschaften der Katzen.

Reinlichkeit. Unsere Hauskatzen zählen entschieden zu den reinlichsten Tieren, da sie im gesunden Zustande auf ihre Toilette Wert legen und eifrig bemüht sind, diese in Ordnung zu halten. Eine sich putzende Katze, ist wohl das anmutigste Bild aus deren Leben. Meist wird dieses Geschäft in sitzender Stellung ausgeführt; behaglich schnurrend, feuchtet sie mit der rauhen Zunge bald die eine, bald die andere Vorderpfote an, fährt mit diesen hinter die Ohren und von da nach dem Gesicht zu bis sie die erwünschte Glätte des Haares erreicht hat. Ist Kopf und Gesicht in Ordnung, so wird die Brust und der übrige Körper mit möglichster Sorgfalt geglättet, gestriegelt und geputzt bis alles sauber erscheint. Bei dieser Reinigung übereilt sich die Katze nicht, sie nimmt sich Muße dazu und verfährt gründlich.

Die Reinlichkeit, resp. das Putzen und Waschen, hat die Katze im Volksmund, in den Ruf eines „Wetterpropheten" gebracht: „Wenn die Katze sich putzt, giebt's Regen". Auf Zuverlässigkeit erhebt sie aber in der Wetterprognose keinen Anspruch.

Kranke Katzen putzen weniger oder gar nicht, je nach dem ihr Zustand ihnen die Lust dazu auferlegt oder benimmt.

Auch bei ihren Bedürfnissen bekundet sich die Reinlichkeit der Katze, denn sie ist immer bestrebt, ihren Unrat durch Überscharren mit Sand, Erde ꝛc. gerade da, wo sie denselben hinlegt, zu verdecken. So gewöhnen sich auch junge Katzen leicht an einen ihnen angewiesenen Ort, beispielsweise eine flache Kiste mit Sand oder Asche, wo sie regelmäßig ihre Entleerungen hinmachen. Junge Katzen lernen schon in einigen Tagen von dieser Einrichtung Gebrauch zu machen und man hat nicht zu befürchten, daß sie später ihren wenig angenehm duftenden Unrat in die Zimmer oder gar auf Möbel und Betten ablegen. Eine gute Erziehung vermag hier viel, und die geringe Mühe sollte kein Katzenliebhaber oder -liebhaberin scheuen.

Behaglichkeit und Ruhe. Nach genossenem Mahl oder je nachdem die Katze aufgelegt ist, giebt sie sich gern der behaglichen Ruhe hin und um diese ungestört zu genießen, sucht sie möglichst erhöhte, von der Sonne beschienene Stellen oder, wenn sie im Zimmer gebuldet wird, die Wärme des Ofens auf. Meist liegt sie zusammen= gerollt, seltener auf einer Seite; doch oft auch reckt und streckt sie sich, um die wohlthuende Wärme der Sonnenstrahlen oder die aus dem Ofen ausströmende, auf ihren Körper einwirken zu lassen. In der Nacht hingegen, wenn sie nicht dem Mäusefang oder der Liebe nachgeht, verkriecht sie sich gern in ihre mit Heu ausgefüllte Kiste oder anderes ihr zur Verfügung stehendes Lager, und wenn beides fehlt, sucht sie sich auf der ersten ihr passend erscheinenden Stelle ein solches einzurichten.

Nach dem Erwachen oder nachdem sie des Liegens müde geworden, geht das Dehnen und Recken erst recht los; hoch krümmt sie den Rücken, gähnend richtet sie den Kopf hoch und schnurrend scheuert sie ihr Fell an Tisch= und Stuhlstollen 2c. Nachdem sie nun zunächst ihrem Milchnäpfchen einen kurzen Besuch abgestattet hat, wird Toilette gemacht. Emsig leckt und putzt sie ihr Fell, glättet allenthalben und nachdem sie dasselbe in Ordnung gebracht, schnürt sie in Haus und Hof umher.

Man gönne daher auch der Katze ihre Ruhe und störe sie nicht unnötigerweise in derselben; denn Ruhe gehört zu ihrem Wohlbefinden.

Anhänglichkeit. Wie alle Tiere, die im Umgang mit Menschen eine gewisse Zuneigung zu diesen bekunden, so auch die Katze, wenn sie von Jugend auf sich einer liebevollen Behandlung zu erfreuen hat. Verwahrloste, überall verstoßene und geschundene Tiere können allerdings zum „Herrn der Schöpfung" keine Zu= neigung und kein Zutrauen haben; hier verwandeln sich die Eigen= schaften vollständig in Furcht, Mißtrauen und Scheu. Wer jemals Katzen besessen, diese, wie's sich gehört, behandelt und gepflegt hat, wird die Anhänglichkeit derselben sicher nicht in Abrede stellen.

Bei vielen Katzen ist die Anhänglichkeit oder das Festhalten an der Wohnstätte, in der sie groß geworden, ein zähes und nach= haltiges; es sind genug Beispiele bekannt, daß, durch Wohnungswechsel veranlaßt, die Katze sich im neuen Heim nicht behaglich fühlte und zur alten Wohnung zurückkehrte. Daß dies selbst bei gut erzogenen Tieren der Fall sein kann, haben wir mehreremale zu erfahren Gelegenheit gehabt. Worin dieses Festhalten an der gewohnten Heimstätte seinen Grund hat, vermögen wir nicht zu sagen, und es wird wohl auch schwer halten, dies zu ergründen. Selbst weite Strecken, die sonst von der Katze nie betreten wurden, durchwandert sie, um wieder zur alten gewohnten Stelle zu gelangen. Bei solchen Wanderungen entwickelt die Katze großen Ortssinn, denn sie findet sich auch selbst in der schwierigsten Lage immer zurecht, und sie kennt keine Hindernisse, die zu nehmen sie nicht imstande wäre. Weder Bäche noch Flüsse, Wälder und Gebirge, hemmen ihre Wanderung, wenn sie der alten Heimat zuzustreben für gut befindet.

Falschheit wird der Katze mit Unrecht vorgeworfen. "Falsch wie eine Katze" ist ein beliebtes Wort, doch wenig zutreffend. Selbstredend haben wir bei unseren Ausführungen nur immer gut erzogene Tiere vor Augen und nicht solche, die durch die Schuld der Menschen nur unangenehme Eigenschaften hervorkehren. Wenn man eine Katze bei der Aufzucht ihrer Jungen beobachtet, wenn man sieht, wie sie sich an ihren Pfleger, der ihr wohl will, anschmiegt, wie sie diesen auf seinen Wegen in Haus und Hof begleitet und sich seinen Wünschen und Befehlen fügt, wie sie die Liebkosungen hinnimmt und erwidert, wird man sicher eines anderen und besseren belehrt.

Sehr treffend äußerst sich hierüber Elisabeth von Berge in "Über sprichwörtliche Redensarten aus dem Tierleben" (Tierbörse 1896): "Allgemein und bei manchen sogar zum Dogma geworden ist die Redensart von der Falschheit der Katzen und der Treue des Hundes. Ich bitte, Falschheit! Kein Tier ist falsch, kann falsch sein, weil zur Falschheit eine größere Überlegung gehört, als selbst das intelligenteste Tier besitzt. Und worin besteht denn die Falschheit der Katze? Man wird mir sagen, daß liege ja ganz klar zu Tage: wenn man eine Katze streicheln will, versetze sie einem häufig etwas mit dem Pfötchen. Das ist wahr, aber ebenso wahr daß es nur diejenigen Katzen thun, welche die Niedertracht der Menschen kennen gelernt haben, die ihnen deshalb nicht trauen, weil sie nicht wissen, ob ihnen nicht auch wieder ein Leid zugefügt werden soll, und daher setzen sie sich von vorn herein zur Wehr. Weiß der Mensch doch auch nicht seine Freunde von seinen Feinden zu unterscheiden. Gut behandelte Katzen werden das niemals thun, man gebe sich nur die ganz geringe Mühe, einmal darauf zu achten.

82   Eigenschaften der Katzen.

Wenn ein Hund einen ganz fremden Menschen anknurrt oder gar beißt, so hält man das für ganz natürlich, zuweilen auch für berechtigt; wenn die Katze unter denselben Verhältnissen dasselbe thut, so nennt man sie falsch. Ist das gerecht? Sicherlich nicht, und was nicht gerecht ist, kann auch nicht logisch sein."

Klugheit ist auch der Katze nicht abzustreiten, denn sie weiß sich recht wohl bei allen möglichen Fällen zu helfen, und es geschieht immer mit Überlegung und Berechnung. Brehm giebt in seinem Tierleben folgende Beispiele von der Klugheit der Katze:

"Manche Katzen liefern außerordentliche Beweise ihrer Klugheit. Solche von echten Vogelliebhabern werden nicht selten so weit gebracht, daß sie den gefiederten Freunden ihres Herrn nicht das Geringste zuleide thun. Giebel beobachtete, daß sein schöner Kater, Peter genannt, eine Bachstelze, welche genannter Forscher im Zimmer hielt, wiederholt mit dem Maule aus dem Hofe zurückbrachte, wenn der Vogel seine Freiheit gesucht hatte, natürlich ohne ihm irgendwie zu schaden. Ein ganz gleiches Beispiel ist mir aus meinem Heimatdorfe bekannt geworden. Dort brachte die Katze eines Vogelfreundes zur größten Freude ihres Herrn diesem ein seit mehreren Tagen schmerzlich vermißtes Rotkehlchen zurück, welches sie also nicht nur erkannt, sondern auch gleich in der Absicht gefangen hatte, ihrem Gebieter dadurch eine Freude zu bereiten! Gestützt auf diese Thatsachen, glaube ich, daß auch folgende Geschichte buchstäblich wahr ist: Eine Katze lebte mit dem Kanarienvogel ihres Herrn in sehr vertrauten Verhältnissen und ließ sich ruhig gefallen, daß dieser sich auf ihren Rücken setzte und förmlich mit ihr spielte. Eines Tages bemerkt ihr Gebieter, daß sie plötzlich mit großer Hast auf den Kanarienvogel losstürzt, ihn mit den Zähnen faßt und knurrend ein Pult erklettert, den Kanarienvogel dabei immer in den Zähnen haltend. Man schreit auf, um den Vogel zu befreien, bemerkt aber gleichzeitig eine fremde Katze, welche in das Zimmer gekommen ist, und erkennt erst jetzt Miezchens Absicht. Sie hatte ihren Freund vor ihrer Schwester, welcher sie nicht trauen mochte, schützen wollen.

Freundschaft mit anderen Tieren kann bei der Katze des öfteren beobachtet werden, und aus eigner Erfahrung vermögen wir zu bestätigen, daß verschiedene unserer Katzen mit Hunden und

Geflügel einig zusammen lebten, gemeinschaftlich den Futternapf besuchten und sich nie in irgend einer Weise gegenseitig belästigten. Die Hunde gewöhnen sich, wenn jung mit Katzen aufgewachsen, sehr leicht an diese und wittern nicht stets den erbitterten Todfeind in denselben. Hühner scheuen eben so wenig die Katzen, wenn sie von Jugend auf diese gewöhnt sind und der wehrhafte Hahn weiß Annäherungen seitens derselben an seinen Harem mit Entschiedenheit zurückzuweisen. Muß hin und wieder auch die vermittelnde Hand des Menschen eingreifen, so können die sonst noch so verschiedenartig angelegten Charaktere zu einem einigermaßen friedlichen Zusammenleben erzogen werden, wenn auch nicht immer ein echtes und tiefes Freundschaftsverhältnis sich ausbildet. Wir haben Katzen besessen, die nicht allein mit dem Hunde aus einer Schüssel fraßen, sondern auch deren Lager teilten und friedlich und einig in bester Harmonie zusammen lebten.

Wie oft liest man, daß Katzen sich mit Hunden und anderen Tieren innig befreunden, daß sie selbst Mutterstelle an Verwaisten übernehmen und diese mit eben der großen Sorgfalt ausfüllen, wie bei ihrem eigenen Fleisch und Blut. Sind doch Fälle bekannt, wo Katzen junge Hasen, Kaninchen, Eichhörnchen und selbst Ratten an ihrer Brust duldeten! Ein Tier, welches solche Eigenschaften besitzt, welches soviel aufopfernde Liebe entwickelt und kund giebt, kann nicht falsch und schlecht sein, denn wo die Katze Liebe bietet, verlangt sie diese auch, und wird sie ihr von Menschen durch pflegliche Behandlung gewährt, so ist die Katze eines der umgänglichsten Haustiere.

So erwähnt Brehm noch: Katzen befreunden sich aber auch mit Tieren. Man kennt viele Beispiele von den innigsten Freundschaften zwischen Hunden und Katzen, welche dem lieben Sprichworte gänzlich widersprechen. Von einer Katze wird erzählt, daß sie sehr gern gehabt habe, wenn sie ihr Freund, der Hund, im Maule in der Stube hin- und hertrug; von anderen weiß man, daß sie bei Beißereien unter Hunden ihren Freunden nach Kräften beistanden, und ebenso auch, daß sie von den Hunden bei Katzenbalgereien geschützt wurden. Pechuel-Loesche besaß eine Katze, die mit einem alten Graupapagei in Freundschaft lebte, häufig herbei kam, wenn dieser sie bei ihrem Namen „Ischabab" rief; sie

nahm es nie übel, wenn er sie durch einen Biß in den Schwanz aus dem Schlaf weckte, und zeigte immer wieder drollige Verwunderung, wenn er ihre Stimme täuschend nachahmte. Beide saßen sehr gern zusammen im Fenster und blickten auf die Straße hinaus.

Abrichtung oder Dressurfähigkeit. Die Meinung, daß eine Katze nicht der Abrichtung, der Dressur, fähig sei, ist ziemlich verbreitet, doch man thut auch hierin der Katze entschieden Unrecht. Wenn sie auch wegen ihrer Eigenwilligkeit und Selbständigkeit die hohe Dressur eines klugen Hundes nicht erreicht, so ist es doch bei liebevoll und gut erzogenen Katzen nicht unmöglich und auch nicht besonders schwierig, ihr einige sogen. Kunststückchen beizubringen. Die Hauptsache ist Geduld und immer wieder Geduld, und dann absolut keine Schläge, diese verträgt die Katze nicht, denn dem Zwang in dieser Beziehung setzt sie entschiedenen Widerstand entgegen, und wenn sie es nicht aus Liebe zu ihrem Pfleger thut, wird man ihr mit Gewalt nichts beibringen können. Wir haben eine graue Katze gehabt, die von Jugend auf Lust an allen Spielereien zeigte und auch einige Kunststückchen tadellos auszuführen lernte. So sprang sie durch die vorgehaltenen Arme, durch einen Reif, über einen hingehaltenen Stock 2c. so oft, wie man sie dazu aufforderte; fing geschickt aufgeworfene Fleischstückchen oder sonstige Leckereien auf oder sprang hoch auf, wenn man solche in der Hand über Kopfhöhe hielt; sie apportierte wie ein Hund, machte „tot" und Verschiedenes mehr.

Pechuel-Loesche hatte eine Katze, die auf Befehl hingeworfene Gegenstände, vom Sofakissen bis zur Stecknadel, brachte, über Stühle, auf den Tisch, auf die Schulter sprang und sich tot stellte.

Der Nutzen der Katze.

Wenn in trocknen, heißen Jahren die Mäuse verheerend auf Flur und Feld auftreten und dort arge Verwüstungen unter den Feld- und Gartenfrüchten anrichten, wenn dann der Landwirt den dürftigen Ertrag seines Ackers und seiner sauren Arbeit in die Scheune einfährt und so wenigstens einen Teil derselben zu sichern glaubt, wenn dann mit Eintritt des Spätherbstes die grauen Nager scharenweise in die Scheune und selbst in die Wohnungen einwandern und hier weiter brandschatzen, was würde dann wohl der Landwirt anfangen, wenn ihm nicht die Katzen helfend zur Seite ständen? In solchen Jahren wird die Katze zum wahren Segen des Landwirts, der ihren Nutzen zu schätzen weiß und ihr wenigstens Duldsamkeit gegenüber beobachtet.

Alles Giftlegen, abgesehen davon, daß dieses anderen Haustieren verhängnisvoll werden kann, nützt nichts; so lange andere Nahrung gefunden wird, gehen die vorsichtigen Nager weder an Giftbrocken noch in aufgestellte Fallen, es scheint, daß einer den anderen warnt. Hier ist nun die Katze an richtiger Stelle, und wer je eine in der Scheune mausende Katze zu beobachten Gelegenheit fand, wie sie in kurzem Zeitraum einer Anzahl grauer Nager den Lebensfaden abschnitt, der wird von ihrem Nutzen vollauf überzeugt sein und ihr auch gern verzeihen, wenn sie ab und zu einmal ein unvorsichtiges Vöglein erwischt. Über die unermüdliche Vertilgungswut der Katze gegenüber ihrem Lieblingswild giebt Brehm in seinem „Tierleben" (Seite 440) eine treffende Schilderung.

„Es ist erstaunlich, was eine Katze in der Vertilgung der Ratten und Mäuse zu thun vermag. Zahlen beweisen; deshalb will ich das Ergebnis der Lenz'schen Untersuchungen und Beobachtungen hier mitteilen: „Um zu wissen, wieviel denn eigentlich eine Katze in ihrem Mäusevertilgungsgeschäfte leisten kann, habe ich das äußerst mäusereiche Jahr 1857 benutzt. Ich sperrte zwei semmelgelbe, dunkel getigerte Halbangorakätzchen, als sie 48 Tage alt waren, in einen kleinen, zu solchen Versuchen eingerichteten Stall, gab ihnen täglich Milch und Brot und daneben jeder 4—10 Mäuse, welche sie jedesmal rein auffraßen. Als sie 56 Tage alt waren, gab ich jeder nur Milch und dazwischen 14 ausgewachsene oder zum Teil doch wenigstens halbwüchsige Mäuse. Die Kätzchen fraßen alle auf, spieen nichts wieder aus, befanden sich vortrefflich und hatten am folgenden Tage ihren gewöhnlichen Appetit.... Kurz darauf sperrte ich, als die bewußten Mäusefresser entlassen waren, in denselben Stall abends 9 Uhr ein dreifarbiges, $5\frac{1}{2}$ Monate altes Halbangorakätzchen und gab ihm für die Nacht kein Futter. Das Tierchen war, weil es sich eingesperrt und von den Gespielen seiner Jugend getrennt sah, traurig. Am nächsten Morgen setzte ich ihm eine Mischung von halb Milch halb Wasser für den ganzen Tag vor. Ich hatte einen Vorrat von 40 Feldmäusen und gab ihm davon in Zwischenräumen eine Anzahl. Als abends die Glocke 9 schlug, also während der 24 Stunden ihrer Gefangenschaft, hatte es 22 Mäuse gefressen, wovon 11 ganz erwachsen, 11 halbwüchsig waren. Dabei spie es nicht, befand sich sehr wohl.... In jenem Jahre waren meine Katzen Tag und Nacht mit Mäusefang und Mäusefraß beschäftigt, und dennoch fraß am 27. September noch jede in der Zeit von $\frac{1}{2}$ Stunde 8 Mäuse, die ich ihnen extra vorwarf.... Nach solchen Erfahrungen nehme ich bestimmt an, daß in reichen Mäusejahren jede mehr als halbwüchsige Katze im Durchschnitte täglich 20 Mäuse, also im Jahre 7300 Mäuse verzehrt. Für mittelmäßige Mäusejahre rechne ich 3650 oder statt der Mäuse ein Äquivalent an Ratten.... Übrigens geht aus den soeben angeführten Beobachtungen sowie aus anderen, die man leicht bei Eulen und Bussards, welche man füttert, machen kann, hervor, daß Mäuse sehr wenig Nahrung geben; sie könnten sonst nicht in so ungeheurer Menge ohne Schaden verschluckt werden."

Aber die Katzen nützen auch in anderer Weise, sagt Brehm: Sie fressen, wie bemerkt, nicht allein schädliche Kerbtiere, sondern töten auch Giftschlangen, nicht bloß Kreuzottern, sondern selbst die so überaus furchtbare Klapperschlange. So berichtet Renger, daß er mehr wie einmal gesehen habe, wie die Katzen in Paraguay auf sandigem und graslosem Boden Klapperschlangen verfolgten und töteten. Mit der ihnen eigenen Gewandtheit geben sie denselben Schläge mit der Pfote und weichen hierauf dem Sprunge ihres Feindes aus. Rollt sich die Schlange zusammen, so greifen sie dieselben lange nicht an, sondern gehen um sie herum, bis sie müde wird, den Kopf nach ihnen zu drehen. Dann aber versetzen sie ihr einen neuen Schlag und springen sogleich auf die Seite. Unter fortgesetzten Pfotenschlägen erlegen sie gewöhnlich ihren Feind ehe eine Stunde vergeht; berühren aber niemals dessen Fleisch.

Mit Vorliebe stellen sie auch den bissigen Wander- und Feld- und Wasserratten mit wahrer Leidenschaft nach, wissen deren Schlupfwinkel geschickt aufzuspüren und regungslos auf deren Erscheinen zu lauern, um im geeigneten Augenblick blitzschnell auf ihre Beute loszufahren, mit den Pfoten niederzustrecken und durch kräftigen Biß zu töten. Funkelnden Auges, schnurrend und fauchend liegt sie auf dem noch zuckenden Opfer, sich an dessen Todeszuckungen weidend, ein Bild der grausamsten Mordlust.

Vielerorts wird das Katzenfleisch mit wahrer Vorliebe gegessen und böse Zungen behaupten, daß in den Restaurants größerer Städte „Hinz" und „Kunz" dem ahnungslosen Gaste als Hasenbraten serviert werden. „Was man nicht weiß, macht einen nicht heiß"! Doch es giebt wirklich Leute, die Katzenfleisch allem anderen vorziehen und behaupten, daß es an Wohlgeschmack nicht seinesgleichen findet. Versucht haben wir's nicht! Es steht aber fest, daß der Genuß von Katzenfleisch in den Städten ein verbreiteter ist und ihm zu Liebe mancher langgeschwänzte Kater und Katze spurlos verschwindet.

Die Pariser haben bei der Belagerung den Katzenbraten schätzen gelernt, und der bekannte Geoffroy Saint-Hilaire berichtet, daß „der Katzenziemer" bei einem Mittagsmahle während der Belagerung von Paris sehr köstlich war. Das weiße Fleisch soll zart sein und im Geschmack an kaltes Kalbfleisch erinnern.

Mit den Fellen, die sehr gesucht sind, wird ein lebhafter Handel getrieben, und besonders bilden die Felle im Winter geschlachteter junger Tiere einen begehrten Artikel. Die gesuchtesten Felle sind diejenigen schwarzer Katzen, wovon Holland die besten liefern soll; dann folgen: Holstein, Pommern, Bayern, die Schweiz, Salzburg und Steiermark, und selbst Rußland bringt einen guten Teil auf den Markt. Die bunten Felle werden meist gefärbt und zu allerlei Pelzwerk verarbeitet. Je nach Farbe und Qualität schwankt der Preis von 1 bis 7 Mark.

So stiftet denn die Katze nicht allein durch Vertilgung der der Landwirtschaft und dem Hause schädlichen Tiere einen großen Nutzen, sondern sie muß diesen noch durch Hergabe ihres Fleisches und Felles steigern helfen, und aus diesen Gründen verdient sie den vollen Schutz und die Hege des Menschen, nicht aber rücksichtslose Verfolgung.

Die Schädlichkeit der Katzen.

Die Schädlichkeit der Hauskatze wird im allgemeinen übertrieben, wenigstens sind die Stimmen in dieser Hinsicht sehr geteilt. Daß herumstrolchende Katzen in der That Schaden anzurichten vermögen, ist nicht wegzuleugnen, und dies tritt hauptsächlich auf dem Lande, wo der Hang zum Herumstreichen den Katzen angeboren scheint, oft sehr empfindlich zutage.

Die Gelegenheit, ohne Schwierigkeiten in Garten und Feld zu gelangen, hier den Vögeln nachzustellen, ist eben eine zu günstige, und selbst der wirkliche Katzenfreund kann — wenn er einmal eine herumstreichende Katze draußen beobachtet hat — nicht ableugnen, daß sie der Niederjagd gefährlich wird. Solche an ein ungebundenes Leben gewöhnte Katzen verwildern leicht, verirren sich oft genug in Waldungen und führen da ein halbwildes Leben. Diese Thatsache ist feststehend, und sie war allgemein in früheren Zeiten hinlänglich bekannt, wie die verschiedenen Polizei-Verordnungen zur Genüge darthun.

So diejenige des Erz-, Stifts- und Churfürstentums Coeln, Jagd-, Busch- und Fischfang-Ordnung de Anno 1759, Caput I, § 32:

„Nachdem es die tägliche Erfahrnüs giebt: was maßen durch das beständige Auslaufen deren Katzen in Felderen, und Wiesen die jungen Fasanen, Feld-Hüneren, und Hasen zu nicht geringem Verderb der Jagd, von selbigen weggefangen werden, so wollen Wir zu dessen Vorbeugung, daß allen in Unseren Erz-Stift, bey Unseren Unterthanen ohne Ausnahme der Person befindlichen Katzen die Ohren, und zwarn platt am Kopf bey Straf eines

Goldgulden abgeschnitten werden sollen, damit dieselbe beym Thau oder Regenwetter, in die Felder und Wiesen nicht mehr laufen, denen Fasanen, und sonstigen kleinen Wildprett aufpassen, und selbiges wegfressen. Daß ein Jeder saumselig erscheinende bei monatlicher Visitirung für jede mit Ohren befindliche Katz, jedesmal eine Straf eines vierten Theil eines Goldgulden verfallen sein und dafür unnachlässig exiquirt werden, des Preis auch jederorts Beamter die Visitirung durch den Boten, bey dessen Abgang aber durch einen anderen aus der Gemeinde, welche für eine jede mit Ohren befindliche Katz, 6 Stüber aus obgemeldeter eingehender Straf zur etwaigen Belohnung für ihre Mühe zu genießen haben. Bei Vermeidung Unser höchster Ungnad monatlich vornehmen und damit beständig continuiren, fort über die mit Ohren befindenden Katzen ein ordentlich Verzeichniß mit Benennung deren Personen zustellen laßen sollen, umb selbige zur Abführung obgemeldeter Straf anzustellen, und damit auch Niemand sein Unwissenheit gegenwärtigen Verbots zu entschuldigen Ursach haben möge, so sollen solche zu jeder männiglichen Wissenschaft ordentlich publicieret und gehörigen Orts afficieret werden.

Urkund dieses
Signatum Bonn
12. Mai 1747.
Clement August, Churfürst."

Derartige Verordnungen waren früher allerorts publiziert; sie bezweckten, die Katzen vom Herumstrolchen in den Feldern abzuhalten, was eben durch das Abschneiden der Ohren erzielt wurde. Die so verunstalteten Tiere scheuten namentlich das taufrische Gras und regnerische Tage, da das Eindringen von Wassertropfen in das ungeschützte Ohr ihnen empfindlichen Schmerz und Unbequemlichkeit verursachte. Derartige Verordnungen scheinen aber allmählich in Vergessenheit gekommen, wenigstens werden sie wohl zur Zeit nirgendwo noch in Kraft sein.

Übertrieben ist aber ganz entschieden das Vorgehen der sogenannten Antikatzenvereine, die einem vollständigen Vernichtungskrieg der Katzen das Wort reden. Ein weit besseres Verdienst würden sich diese Vereine sicher erwerben, wenn sie durch geeignete Belehrungen, durch Flugschriften 2c. dem Publikum Anleitung an die Hand geben möchten, wie Katzen zu behandeln und zu pflegen sind, um sie zu angenehmen Haustieren zu erziehen und ihrer allzugroßen Vermehrung Einhalt zu thun; damit wäre sicher besser gedient, wie mit dem schonungslosen Vernichtungskrieg, der gegen die armen Mäusevertilger vielerorts geführt wird. Durch die Zahlung von Prämien für eingelieferte Katzenschwänze wird ohne Frage eine zweifelhafte Sorte von Menschen in ihrer Rohheit noch unterstützt, die sich nicht scheuen, durch die verwerflichsten Mittel ihr unsauberes Handwerk zu betreiben, um in den Besitz der leicht zu verdienenden Prämien zu gelangen.

Seiner gerechten Entrüstung giebt Herr Fr. von Kronoff in folgenden Worten Ausdruck: „Fin de siècle! sagen wir achselzuckend angesichts abenteuerlicher Erfindungen, barocker Modetollheiten und marktschreierischer Lebensverlängerungsmittel, und wahrlich nicht mit Unrecht; muß doch unser Jahrhundert in der That sehr am Ende, am letzten schalen Rest seines Könnens angelangt sein, wenn unter dem Deckmantel vogelfreundlicher Bestrebungen Greuel geschehen können, wie sie unterm 7. März d. J. (1896) aus Münster i. W. berichtet werden. „Der Antikatzenverein, Verein der Katzenfeinde" hielt hier am Freitag seine Generalversammlung ab. Aus derselben verlautet, daß die katzenmörderische Bewegung jetzt einen geradezu internationalen Charakter angenommen hat. Aus den Vereinsgauen Westfalens liefen im verflossenen Jahre 7354 Katzenfelle ein. Der für die verkauften Katzenfelle erzielte nicht unerhebliche Geldbetrag wurde zur Anlage zahlreicher Futterplätze der Vögel im Winter, zum Aushängen von Nistkästen und zur Beschaffung von Katzenfallen verwendet. Mit einem dreimaligen „Baldrian=Heil" schloß der Vorsitzende die Versammlung." — Die „internationale Bedeutung" des grausamen Grundsatzes: denn ich bin groß und du bist klein! brauchte durch die Thätigkeit dieser zartbesaiteten Vogelfreunde nicht erst erhärtet zu werden; daß aber auch nicht einer der Anwesenden den kläglichen Schlußakt der Versammlung als ein beschämendes Armutszeugnis erkannt zu haben scheint, das darf in unserer Zeit billig wunder nehmen. Es müssen gefühlvolle Menschen sein, die so unbeirrt über Greuel, wie sie schrecklicher nicht ausgedacht werden können, dahinschreiten, um den lieben Vöglein in Wald und Feld mildthätig Futter zu streuen! Daß aber auch in diesem Falle der „Zweck die Mittel heilige", darf füglich bezweifelt werden; denn einen Sturm der Entrüstung hat obiger Jahresbericht allerorten entfacht, und von Nah und Fern häufen sich die Berichte über die grauenhafte Wirksamkeit dieses Antikatzenvereins, der zur Hochschule des neuesten Bummelsports geworden ist; fehlt es doch nirgends an Tagedieben, welche der ausgesetzten Belohnung zuliebe nur allzu bereitwillig die armen Tiere mittels Baldrian in die Falle locken und sie auf die denkbar raffinierteste Weise zu Tode schinden. Gelingt es doch einmal solch beklagenswertem Opfer, seinen gewissenlosen Peinigern zu entrinnen, so ist der Anblick des verstümmelten, mit Wunden bedeckten, blinden, zerschlagenen oder halblahmen Geschöpfes so gräßlich, daß man dem menschlichen Scharfsinn zu fluchen versucht ist, der nur Irrwahn predigt und auf Irrwege führt. Nicht an jene „feinfühlenden Vogelfreunde" wenden wir uns deshalb mit eindringlicher Bitte um Schonung der so ruchlos verfolgten Katze, es wäre vergebliche Liebesmüh, vielmehr erbitten wir dringend den Schutz der Gesetzeshüter, das einmütige Zusammenstehen der Tierschutzvereine sowie aller Guten und Edelgesinnten aus allen Ständen. Ganz besonders aber wenden wir uns bei herannahender Ferien- und Badezeit an die Familien, deren oft wochen- oder monatelange Abwesenheit solch treue Haustiere obdachlos macht, sie zum Umherstreifen, Wildern und Verwildern verurteilt und dadurch nur allzu sicher dem gewissen Verderben ausliefert. Vielleicht vermag über kurz und lang irgend ein Gottbegnadeter den unheimlichen Grausamkeits-„Bazillus" auszurotten, oder es wird eine untrügliche Methode zur Einimpfung menschennatürlicher Liebe und Milde entdeckt; bis zu diesem großen Augenblicke aber wirke jeder an seinem Platze und in seinem Kreise nach göttlichem Gesetz und Recht, und wahrhaftig, das Fin de siècle müßte noch schlimmer sein als sein Ruf, erreichte die Barmherzigkeit nicht größeres als der Irrwahn, dessen Weg zum Wohlthun blutige Fußtapfen bezeichnen!"

Jeder fühlende Tierfreund wird der Entrüstung des Herrn von Kronoff seine Zustimmung nicht versagen und ihm für sein anerkennenswertes Eintreten zum Schutz der unsinnigen Katzenverfolgung Dank wissen.

Auch wir wollen das verabscheuungswürdige Gebahren der sogenannten „Antikatzenvereine" hier tiefer hängen und unseren Abscheu dieser Verirrung gegenüber darthun. Muß doch notwendigerweise diese fluchwürdige, jedem Gefühl hohnsprechende Agitation und Thätigkeit zur Verrohung führen!

So lange wie der Haß gewissermaßen den Katzen gegenüber gepredigt wird, so lange man sich nicht bemüht, aufklärend und belehrend zu wirken, wird auch die Unduldsamkeit, welcher die Katzen ausgesetzt sind, nicht schwinden.

Worin besteht nun eigentlich die Schädlichkeit der Katzen? Daß manche in Garten und Feld den Vögeln nachstellen und ab und zu einen erhaschen und verzehren; denn es ist kaum anzunehmen und auch nicht erwiesen, daß sie in dieser Beziehung verheerend wirken! Diese Schädlichkeit wird aber durch den großen, nicht wegzuleugnenden Nutzen, den sie besonders in mäusereichen Jahren und bei Überhandnahme der Ratten leisten, voll aufgewogen.

Wer trägt nun die Schuld an der etwaigen Schädlichkeit der Katzen? Doch unzweifelhaft der Mensch selbst, weil er sich nicht die Mühe giebt, die Katze zu pflegen und zu erziehen, wie es sich gehört. Würde der Katze dieselbe Aufmerksamkeit, die gleiche Behandlung in Bezug auf Haltung und Fütterung zuteil wie den übrigen Haustieren, der schädliche Zug in ihrem Wesen würde sich vermindern und vielleicht mit der Zeit immer mehr verlieren. Aber verjagt, verstoßen und getreten findet sie nirgendwo Ruhe; von der lieben Jugend wird sie auf alle mögliche Art gehetzt und gequält, wo sie sich nur blicken läßt, von liebevoller Behandlung ist keine Spur, nicht einmal soviel Futter wird ihr geboten, daß sie davon ihr Leben zu fristen vermag. Das ist im allgemeinen das Los der vielgeplagten und verkannten Hauskatze. Mäuse soll sie fangen! so ist die kategorische Weisung, und wenn sie dann, getrieben vom Heißhunger, einmal einen Spatz oder einen anderen Vogel erhascht, so giebts Mord= und Zetergeschrei.

Gebt der Katze das ihr zukommende Futter, behandelt sie, wie es sich gehört, duldet sie im Hause, gewährt ihr ein gutes Lager, straft sie, wenn sie Übergriffe macht, aber gerecht, denn auch die Katze ist erziehungsfähig und schmiegt sich dem an, der sie liebevoll behandelt und ihr Gutes thut. Man nehme sich nur die Mühe, die

Katze zu erziehen, und man wird staunen, wie leicht sie sich unseren Wünschen zu fügen versteht und beflissen ist, denselben gewissenhaft nachzukommen.

Züchtet nicht mehr Katzen, wie notwendig, tötet den Überfluß gleich nach der Geburt auf eine wenig schmerzvolle Art, dann werden sich auch bald die Klagen über Vogelmord seitens der Katzen mindern und das Gebahren der sogenannten „Antikatzenvereine" als das kennzeichnen, was es in der That ist: „eine rohe Verirrung gesittet sein wollender Menschen, die sich mit dem Nimbus wahrer Vogel- und Tierfreunde zu umgeben wagen".

Nur auf diese Weise wird es möglich, der Verhetzung wirksam entgegen zu treten und der Katze den ihr gebührenden Schutz zu unserem eigenen Nutzen zuzuwenden.

Wo aber wirklich wildernde Katzen in Feld und Wald herumstreifen, sind auch wir der Ansicht einer schonungslosen Vertilgung; denn einmal an diese Lebensweise gewöhnt, werden sie zeitlebens diesem Hang fröhnen, und der Schaden wiegt dann allerdings den geringen Nutzen durch zufälliges Mäusefangen nicht wieder auf.

Aus eigner Erfahrung können wir aber versichern, daß den Katzen die Lust am Vogelfang abzugewöhnen ist, und damit sollte man so früh wie möglich beginnen. Schon der bekannte Ornithologe Dr. Baldamus † hat sich in dieser Beziehung im Koburger Tier- und Pflanzenschutzverein dahin geäußert, daß den Katzen das Vogelfangen leicht abzugewöhnen sei. Da Dr. Baldamus das betreffende Verfahren vielfach erprobt und als unfehlbar befunden haben will, so wollen wir es hier mitteilen. Man nimmt einen Vogel (vielleicht einen Zimmervogel, wenn man nicht etwa eines Sperlings habhaft werden kann) in die Hand und läßt durch denselben die Katze, der man das Wildern abgewöhnen will und die man deshalb an sich gelockt hat, mehrmals in die Nase picken. Eine so behandelte Katze soll, wie Dr. Baldamus behauptet, nie wieder einem Vogel in räuberischer Absicht zu nahe kommen.

Ähnlich verfahren wir, um die Katze vom Vogelfangen abzuhalten. Statt eines lebenden Vogels nehme man einen ausgestopften und zwar mit etwas kräftigem, spitzem Schnabel, und picke mit diesem die Katze kräftig und empfindlich in die Nase. Nach einigen Versuchen wird sie in weitem Bogen um den Vogel kreisen, ohne zu wagen, diesen anzugreifen. Papageien helfen sich selbst vor den sie belästigenden Katzen; namentlich junge fühlen in ihrer unverdrossenen Spiellust das Bedürfnis, mit einem im Bauer sitzenden Papagei anzubinden, klettern auf denselben hinauf, langen mit den Pfötchen durch und spazieren auf den Drähten umher. Der wenig scheue „Lori" oder „Joko" hackt mit derben Schnabelhieben nach den hineinlangenden Pfoten oder beknabbert in empfindlicher Weise die nackten Sohlen der auf den Drähten herumkletternden Katze, und diese wird nach einigen fühlbaren Lektionen nie mehr Verlangen danach tragen, mit dem Vogel anzubinden. In respektvoller Entfernung schaut sie mit scheuem Blick nach dem geschwätzigen Exoten.

In Hamburger Vogelhandlungen werden immer Katzen wegen der oft massenhaft auftretenden Mäuse, die, durch reichliches Futter angelockt, selbst in die Käfige der Vögel eindringen, gehalten; aber nie vergreifen sich die Katzen an diesen.

Im vorigen Jahre hatte der Vogelhändler Hoflieferant Gust. Voß in Köln einige blaue Katzen, die Tag und Nacht zwischen den Vogelkäfigen herumwanderten und nach Mäusen jagten, aber nie ist es vorgekommen, daß sich eine an einem Vogel vergriffen hätte.

Demnach liegt es ganz in der Hand des Menschen, die Katze so zu erziehen, daß sie keinen Schaden anrichtet; aber die wenigsten haben Sinn und Interesse dafür, auf die Katze erzieherisch einzuwirken, und es thut sicher not, daß durch Wort und Schrift in diesem Sinne gewirkt wird, damit endlich die wüste Verhetzung aufhört und Schaden und Nutzen der Katze richtig abgewägt wird.

Protegierte Katzen und ihre Gönner.

Von jeher haben sich die verschiedensten Tiere einer hohen Gönnerschaft fürstlicher Häupter und berühmter Persönlichkeiten zu erfreuen gehabt und hierüber allein ließe sich schon ein vollständiges Buch schreiben. Wir wollen aber nur die Mitteilungen, soweit sie Bezug auf die Katze haben, hier anschließen.

Bekannt ist, daß Muhammed, der große Begründer des Islam, eine besondere Zuneigung, die fast an Verehrung grenzte, zu den Katzen hatte. Der Sultan El-Taher-Beybars (1260) hinterließ testamentarisch die Bestimmung, in der Nähe von Kairo einen Garten für bedürftige, herrenlose Katzen zu gründen, welcher noch bis heute mit einem Gebäude für Katzenpflege vorhanden sein soll.

Erwähnt werden weiter als Beschützer und Freunde der Katzen: Stein, Kardinal Wolsey, Lord Chesterfield, der seinen Katzen und deren Nachkommen Pensionen hinterließ, dann Washington, Peter der Große u. a.

Der Schah von Persien, Nassr-ed-din, welcher kürzlich durch fanatische Mörderhand sein Leben aushauchte, hielt sich über 3000 Katzen, wovon ein herrlicher Angorakater, „Babr-Kahn", sogar aus der Schüssel seines hohen Herrn fressen durfte und die Mahlzeiten mit ihm teilte.

Die Herzogin von Maine widmete ihrer Katze ein Rondo (musikal. Satz); auch der Kardinal Richelieu, sowie der große Finanzminister Colbert des Königs Ludwig XIV. waren bei ihren Arbeiten stets von Katzen umgeben. Zu den Katzenfreunden zählte auch Papst Leo XII., welcher dem französischen Gesandten Châteaubriand, einem begeisterten Katzenverehrer, als Zeichen besonderer Huld eine Katze zum Geschenk machte.

Unter den berühmten Männern waren es vorzugsweise Dichter und Künstler, die, unverstanden von den Menschen, nach dem Umgang mit Tieren verlangten.

Dem englischen Volksdichter Ebenezer Elliot wird nachgerühmt, daß er ohne Hunde und Katzen nicht zu leben gewußt hätte.

Hoffmann besaß einen Kater „Murr", dessen Tod den kranken Dichter mit hoffnungslosem Schmerz erfüllte, und Lessing verzieh sogar seinem Liebling, als er ihm einst das Manuskript seines „Nathan" verdorben hatte; mit der zornlosen Ruhe eines Weisen begann er die Arbeit von neuem.

Tasso und Petrarca liebten und verehrten ihre Katzen; ersterer soll, als er nach Paris kam, in einem Dachzimmer des lateinischen Viertels mit einer Katze als alleinigen Begleiterin gelebt haben. Der französische Fabeldichter La Fontaine verherrlicht die Katze in etwas übertriebener Weise, während sein Kollege Ronsard ein Gegner derselben war; auch der berühmte französische Naturforscher Buffon war kein besonderer Freund der Katzen, sein Urteil über dieselben ist sogar sehr hart.

Kellen berichtet unter anderem, daß der Philosoph und Historiker Taine, der doch ein ziemlich nüchterner Mensch war, sich für seine drei Katzen so begeisterte, daß er auf jede derselben vier Sonette dichtete, obschon er im allgemeinen immer Prosa schrieb. Einige Zeit nach seinem Tode veröffentlichte der „Figaro" diese Gedichte, die großes Aufsehen erregten und die in allen französischen Zeitungen besprochen wurden. So erschien z. B. im „Evénement" (22. März 1893) eine längere Chronik über „die Katzen des Herrn Taine".

Die Franzosen scheinen überhaupt große Katzenverehrer zu sein, denn unter den neueren französischen Dichtern finden wir Théodore de Banville, Bandelaire, Pierre Loti, Paul Arène, Théophile Gautier, Champfleury, Paul de Kock u. a., die sich alle in liebenswürdiger Weise mit der Katze beschäftigen. Bekannte Katzenliebhaber sind ferner der Dichter Sardou, sowie der Komponist Massenet.

Unter den Amerikanern ist der bekannte Humorist Jerome K. Jerome ein großer Katzen- und Hundefreund.

Eduard Mörike, der schwäbische Dichter, der eine große Neigung zur Tier- und Blumenwelt hatte, soll in seinen vorgerückten Jahren eine besondere Vorliebe für Katzen gezeigt haben. So erzählt man, als ihn einst Moritz von Schwind besuchte, legte sich der berühmte Maler zum gewohnten Mittagsschläfchen hin. Die Katze des Dichters, „Weißling" genannt, ersah sich den umfang-

reichen Bauch) des ruhig Schlummernden zum bequemen Ruheplatz
und schwang sich plötzlich mit einem Sprung hinauf. Der etwas
heißblütige von Schwind, durch das unsanfte Erwecken erregt,
sparte nicht mit Scheltworten.

Der bekannte Komponist des „Postillon von Lonjumeau",
Adolf Charles Adam, soll diese reizende Oper auf eine höchst
seltsame Art komponiert haben. Man erzählt, nachdem er gegessen,
legte er sich aufs Sofa, ließ sich selbst in der glühendsten Sommer-
hitze bis an die Nase mit Federbetten zudecken und legte dann eine
seiner großen Katzen auf seinen Kopf, die andere auf seine Füße.
In dieser zum Ersticken eingerichteten Lage fand er die reizenden
Melodien, die uns noch heute entzücken.

Von den Künstlern sind es namentlich Gottfried Mind,
dem man den Namen „Katzen-Raphael" beilegte, der viel zur Ver-
herrlichung und Volkstümlichkeit der Katzen durch tief empfundene,
unübertroffene Bilder beigetragen hat. Minds Liebe zu Katzen
war so groß, daß er einstens, als in Bern, seinem Wohnorte, eine
Katzenseuche herrschte und seitens der Behörde mehr als achthundert
Katzen getötet wurden, sich namenlos unglücklich fühlte und durch
allerlei Anstrengungen seine Lieblinge dem Massenmorde zu entziehen wußte.

Michel erzählt vom Maler Barett folgende komische Anekdote:
„Barett hatte zwei Katzen, eine große und eine kleine, für die er
am Fußende der Thüre zwei Öffnungen angebracht hatte. Von
einem Freunde in seiner Werkstatt besucht und über den Zweck dieser
Öffnungen befragt, erklärte Barett, sie dienten zum Ein- und Aus-
gange seiner Katzen. „Aber", meinte der Freund, „würde da nicht
eine Öffnung genügt haben?" — „Sie Schlaukopf", erwiderte über-
legen lächelnd der Maler, „wie würde die große Katze durch das
kleine Loch gelangen?!" — „Nun", meinte der Freund, „könnte
die kleine Katze nicht ihren Weg durch das große Loch nehmen?"
— „Wahrhaftig", rief der erstaunte Barett, „gewiß kann sie das,
aber daran habe ich noch nicht gedacht!"

Von den holländischen Malern der alten Schule sind es
Bloemart, Vischer, Hollar, Breughel, Teniers und Brouwer,
welche uns recht gute Katzenbilder hinterlassen haben und diese mit
Vorliebe malten. Teniers hat meist die Katze in musikalischer

Produktion zur Darstellung gebracht. Die bekanntesten Bilder sind u. a. ein halbes Dutzend Katzen um einen Tisch sitzend, die ernstlich bemüht sind, aus einem vorliegenden, aufgeschlagenen Notenhefte, auf dessen oberem Rande eine Eule thront, zu singen; zum Fenster schaut ein mürrischer Kater hinein und zwei vor dem Tische sitzende Affen blasen die Flöte; ferner die Darstellung einer Barbierstube und einer Bürgerwache durch Affen.

Diese kleine Auslese zeigt uns die Katze in bevorzugter Stellung, und demnach zu schließen muß sie nicht so gefährlich und schädlich sein, wie Unkenntnis und Unverstand sie allgemein hinzustellen beliebt. Würde dies in Wirklichkeit der Fall sein, so fände sie sicher keine Gnade vor den Thronen und den Geistesheroen.

Allerlei Heiteres und Ernstes aus dem Leben der Katze.

Katzen haben des öfteren Anlaß zu heiteren Erlebnissen gegeben, aber wohl auch eben so oft zu ernstlichen und bedenklichen Vorkommnissen, und es wird den geneigten Leser gewiß interessieren, einiges zur Kenntnis nehmen zu können.

Die Katze im italienischen Parlament. Die italienische Deputiertenkammer war am 21. März 1896 der Schauplatz einer außerordentlich lustigen Scene. Man vergaß im Hause volle fünf Minuten der ernsten Debatten über den Afrikakredit und lachte ohne Unterschied der Partei, daß es nur so dröhnte. Die Sache war so: Cavalotti hatte eben dem Kabinett ein vorläufiges Vertrauensvotum gegeben, als plötzlich beim Ministertische eine große graue Angorakatze auftauchte, die sich mit Grandezza neben dem Marchese de Rudini niederließ. Kammer und Tribüne brachen in ein wieherndes Gelächter aus. Man schreit ironisch „Miau, Miau". Parlamentsdiener machen auf das interessante Vieh Jagd, während die Sitzung unterbrochen wird. Gelassen tritt Hinz unter fortwährendem Miaugeschrei der Tribüne seinen Rückzug an, ohne daß

es den Häschern gelänge, seiner
habhaft zu werden. Erst dem
Sozialisten Agnini gelingt es,
Hinz zu arretieren; er setzt ihn
unter dröhnendem Beifall an die
Luft, worauf die Sitzung wieder
aufgenommen wird.

**Eine Katze bei der Königin
von England in Audienz (Kellen).**
Daß Katzen zur Audienz kommen,
dürfte wohl noch nicht dage=
wesen sein, jüngst aber war es im Schlosse zu Windsor doch der
Fall. Die Königin Viktoria hat eine Zahl gefiederte Lieb=
linge, die frei in ihrem Arbeitszimmer herumfliegen, sich ihr bei
jedem Lockrufe auf Hand, Kopf und Schultern setzen und ihr oft
auf Schritt und Tritt folgen. Um dieser Lieblinge willen ist es
nun jedermann im königlichen Haushalte strengstens verboten, Katzen
zu halten. Zu seiner Entrüstung erfuhr Sir Cowell, daß eine
der Beschließerinnen im Buckingham=Palast diesem Verbot entgegen
handele und sich eine Angorakatze halte. Sofortiger Befehl, die
Katze zu entfernen. Die Beschließerin aber, die ihre Katze viel zu
gern hatte, um sich von ihr zu trennen, benutzte den nächsten Zug,
fuhr nach Windsor Schloß und bat um Audienz. Hier brachte sie
in beweglichen Worten ihre Bitte vor, die jedoch von der Königin
abschlägig beschieden wurde.

O Majestät! wenn Sie das Tier sähen, rief da die Frau,
Sie würden es gewiß nicht verbieten.

Wo haben Sie denn das Tier? fragte die Königin sichtlich
belustigt.

Hier draußen im Wartezimmer, war die Antwort, und flugs
eilte die Frau hinaus, um gleich darauf mit einem Körbchen zu er=
scheinen, aus dem sie triumphierend das reizende Kätzchen entnahm.

Die Königin war besiegt und erlaubte das Halten der Katze
unter der Bedingung, daß dieselbe an den wenigen Tagen sorgfältig
eingeschlossen werde, an denen die Königin mit ihren gefiederten
Lieblingen im Buckingham=Palast weilt.

7*

Der Prinz von Wales und die Katzen. An einem heißen Sommertage schlenderten Fox und der Prinz von Wales durch eine Straße Londons, als ersterer dem Prinzen eine Wette vorschlug: er würde bis zum Ende der Straße die meisten Katzen sehen, obgleich dem Prinzen die Wahl der Straßenseite überlassen bliebe. Der Prinz ging darauf ein, verlor aber die Wette, denn am Ziele angelangt hatte Fox 13 und der Prinz nicht eine Katze gesehen. „Aber wie geht das zu?" fragte der Prinz. „Eure Königliche Hoheit", sagte Fox, „wählten, wie ich voraussetzte, als die angenehmere die Schattenseite, und so mußte mir die Sonnenseite zufallen, welche die Katzen besonders gern aufsuchen."

Militärkatzen. Die Magdeburger Zeitung brachte eine Mitteilung, wonach der Kommandeur eines Trainbataillons in einer preußischen Provinzialhauptstadt seitens der Ober-Rechnungskammer die amtliche Anfrage erhielt, weshalb für die Katze des Traindepots täglich für fünf Pfennige Milch verbraucht werde, während für die Katze des Proviant-Magazins daselbst für den gleichen Zweck nur drei Pfennige verausgabt würden. Die dienstliche Auskunft des Kommandeurs lautete: „Die Katze des Proviant-Magazins nährt sich von Mäusen, welche sich an Korn und Mehl gemästet haben; die Katze des Traindepots aber von solchen, die ihr Leben dürftig an den dortigen Ledervorräten 2c. fristen. Daraus erhellt der tägliche Aufschlag von zwei Pfennigen Milch für die letztere." Diese Erklärung muß genügt haben, denn fortan blieben der Train-Kommandeur, die Depotkatze sowie ihre Milchration unangefochten.

Eine kluge Katze muß die einer Leserin der Tägl. Rundschau gewesen sein, welche folgende Katzengeschichte mitteilt: „Es giebt Fälle, und die sind gar nicht selten, wo das Tier den auf seinen Verstand pochenden Menschen übertölpelt, wie es mir kürzlich mit meiner Katze passierte. Ich war in der Küche damit beschäftigt, Beefsteaks zu klopfen. „Pussi", die dieses Geräusch sehr genau kennt, weil sich die angenehmsten Erinnerungen an gelegentliche Fleischabfälle für sie daran knüpfen, erschien denn auch bald auf der Bildfläche und sah hoffnungsvoll zu mir empor. Da ich all ihren lauten und leisen Bitten aber hartnäckig widerstand, so ergab sie sich endlich und sah mir ruhig zu. Es fiel mir nur auf, daß ihr Gesicht all-

mählich einen gewissermaßen nachdenklichen Ausdruck annahm. Nach kurzer Zeit verschwand sie, und ich hatte sie über der Arbeit schon wieder vergessen, als sie plötzlich unten an der Hausthür dicht an der Treppe jämmerlich zu schreien anfing. Das ist immer das Zeichen, wenn sie hinausgelassen zu werden wünscht. Sofort eilte ich die Treppe hinunter, um die Thür zu öffnen, hatte jedoch kaum die Klinke in der Hand, als „Pussi" plötzlich Kehrt machte und in wilden Sätzen die Treppe wieder hinaufjagte, direkt in die Küche, deren Thür gerade auf die Treppe mündet. Nun ahnte mir natürlich Unheil und ich eilte, so rasch wie es die steilen Stufen und meine Körperfülle erlaubten, nach, kam aber nur eben recht, um den Übel=
thäter mit meinem Beefsteak im Maul eilig und vergnügt abziehen zu sehen.

Als eine Art Naturwunder, so schreibt die Deutsche Tages=
zeitung (Berlin) unterm 16. April 1896, wird seit acht Tagen Unter den Linden eine große gelbe Katze angestaunt, die am ersten Osterfeier=
tage gerade vor Hiller, Nr. 62/63, im Gipfel eines hohen Baumes ihr luftiges Domizil aufgeschlagen hat und seitdem nun Tag und Nacht dort haust. Was der neue Hibbigeigei dort oben für Be=
trachtungen anstellt, hat er noch niemandem verraten. Aber mögen sie nun heiterer oder ernster Natur sein, jedenfalls nehmen sie ihn stark in Anspruch, denn alle die acht Tage lang hat er seinen Posten noch nicht verlassen und noch keinen Bissen zu sich genommen. So wenigstens versichern Schutzmänner, denen er längst verdächtig vor=
gekommen ist, und andere ernste Männer, wie Thürhüter der be=
nachbarten Häuser. Und am Tage sieht man ihn in der That regelmäßig auf dem Gipfel der Linde. Ob er aber nicht in der Nacht vielleicht doch seine Abstecher macht, vielleicht gar in Hillers Küche, und so nach Art mancher zweibeiniger Hungerkünstler die Gläubigen täuscht, wer will das mit Gewißheit sagen? Auch Schutz=
männer sehen nicht immer alles und selbst Thürhüter schlafen bei Nacht mitunter ein. Vielleicht bildet sich zur Überwachung ein be=
sonderes Komitee!

Katzen als Reklame. Das Non plus ultra von Reklame hat sich im Sommer 1892 die Geschäftsleitung des Nobles=Garden=
Theaters in New=York geleistet. Der Geschäftsführer dieses Etablisse=
ments hatte nämlich durch Zeitungs=Annoncen 5000 Katzen zu kaufen

gesucht und um Ablieferung derselben um 11 Uhr vormittags am nächsten Tage im Theater-Gebäude ersucht. Die Annonce that ihre Schuldigkeit, denn lange vor der festgesetzten Stunde war der Eingang zum Theater von Hunderten von Personen, meistens Kindern, belagert, welche in Säcken, Körben, Rocktaschen, Hüten u. s. w. die gewünschten Exemplare des genus felis mit sich schleppten. Pünktlich um 11 Uhr erschien Herr Stern, der ingeniöse „Manager" des Theaters, um die Katzen in Empfang zu nehmen. Dieselben wurden ohne Ansehen des Geschlechts, der Farbe, des Alters u. s. w. entgegengenommen und mit 10 Cents pro Stück oder einem Einlaß-Billet zur Gallerie des Theaters bezahlt. Für besonders große und schöne Kater wurde der doppelte Preis gefordert und anstandslos bezahlt. Im ganzen erstand Herr Stern ca. 2000 Katzen und ließ dieselben in einem Saale des Erdgeschosses einsperren, woselbst die „geschwänzten Gäste" alsbald das bekannte Konzert, welches „Steine erweichen, Menschen rasend machen kann", aufführten, so daß den Angestellten des Theaters himmelangst wurde. Nachdem sich die Menschenmenge, welche das sonderbare Schauspiel des Katzenankaufs in nie dagewesenen Dimensionen angelockt, verlaufen hatte, ließ der erfindungsreiche Geschäftsführer den Tieren ein Plakat um den Hals befestigen, welches die Ankündigung enthielt, daß die übliche Weihnachts-Pantomime in dieser Woche beginnen werde. Darauf wurden die sämtlichen „Viecher" losgelassen und auf die Straße getrieben, wo sie mit entsetzlichem Miauen nach allen Richtungen der Windrose auseinanderstoben. (A. Kellen.) Echt amerikanisch!

Doch hat die Katze auch schon des öfteren zu ernsten und bedenklichen Fällen Anlaß gegeben, die mehr oder weniger zu strengen Verordnungen führten.

Die Katze als Rächerin ihrer ermordeten Herrin. Miß Kneight, eine Gesellschaftsdame der Prinzessin von Wales, erzählt in ihren Aufzeichnungen folgende Geschichte: Vor einigen Jahren starb in Irland eine Frau, die ihrem Neffen ihr ganzes Vermögen vermachte. Sie hatte bei Lebzeiten eine Katze, die ihr sehr zugethan, stets in ihrer Gesellschaft und auch von ihrer toten Herrin nicht zu entfernen war. Der Erbe hatte sich zum Begräbnis eingefunden, und wollte, nachdem man ihm im anstoßenden Zimmer das Testament vorgelesen, sich ins Leichenzimmer begeben, als beim

Öffnen der Thüre ihm die Katze an den Hals sprang, ihn zerbiß und nur mit großer Schwierigkeit entfernt werden konnte. Ungefähr nach 18 Monaten starb der Mann, legte aber zuvor das Geständnis ab, daß er seine Tante, um in den Besitz ihres Vermögens zu gelangen, ermordet hatte.

Ein Trunkenbold mißhandelte seine Frau und hatte sie in einem Anfall von Säuferwahnsinn zu Boden geworfen, um sie zu erwürgen. Die Hauskatze, wahrscheinlich durch das Geschrei der Frau herbeigezogen, warf sich, die bedrängte Lage ihrer Freundin gewahrend, auf den Mann, zerfleischte dessen Gesicht durch Gebiß und Krallen, so daß er gezwungen war, seine eben noch mißhandelte Frau um Hilfe anzuflehen. (Michel.)

Vorsicht im Umgange mit Katzen. Aus Lothringen berichtet man unterm 9. April 1896 folgendes: In einem Dorfe hielt sich ein alleinstehender Junggeselle zur Verkürzung seiner einsamen Stunden eine Katze. Diese sonst wohlerzogene Katze naschte kürzlich, und sah sich ihr Besitzer deshalb veranlaßt, ihr eine Tracht Hiebe angedeihen zu lassen. Plötzlich springt die hierüber erbitterte Katze ihrem Herrn ins Gesicht und beißt ihm die Nase ab (?), mit welcher sie zum Fenster hinausspringt. Katze und Nase sah man niemals wieder.

Wütende Katzen. Über einen seltenen Unfall schrieb man aus Berlin 1895 folgendes: Von einem seltenen Unfall ist die erwachsene Tochter eines Gelehrten in einem Vororte Berlins betroffen worden. Ohne irgendwie Veranlassung gegeben zu haben, wurde die junge Dame auf der Straße von einer wütenden Katze angefallen. Das rasende Tier zerriß mit den Krallen das Kleid der Dame, biß sie in den Arm und zerkratzte ihr noch eine Gesichtshälfte. Bis jetzt sind glücklicherweise keine ernsten Folgen aus Anlaß dieser Verletzungen eingetreten. Das unbändige Tier, welches schon früher eine ähnliche Unthat, ebenfalls ungereizt, verübt haben soll, ist eingefangen und „abgeschafft" worden.

Katzenvertilgung. Ein ähnlicher Unfall wird aus der Schweiz (1893) mitgeteilt und hatte eine strenge Polizeiverordnung zur Folge. In Pruntrut (Schweiz) wurde von der Direktion des Innern die Tötung sämtlicher Katzen befohlen. Es wurden dort in letzter Woche ein 13jähriger Knabe, ein kleines Mädchen und ein Küfer von einer Katze überfallen und gebissen: eine Dienstmagd, die von dem Tiere ebenfalls angefallen wurde, konnte sich glücklich ihrer erwehren. Der Küfer vermochte endlich die Katze zu packen und zu töten. Ärztliche Untersuchung ergab mit Wahrscheinlichkeit Tollwut. Die gebissenen Personen sind nach Paris zu Pasteur gereist.

Glücklicherweise gehören solche Vorkommnisse bei den Katzen zu den Seltenheiten und Ausnahmen, und es ist gewiß ungerecht, deswegen das ganze Katzengeschlecht zu verurteilen und zu verdammen.

Zum Schlusse möge auch eine in dem „Illustrierten Unterhaltungsblatte" mitgeteilte Geschichte darthun, wie ein unternehmungslustiger Kopf durch Katzen zu großem Reichtum gelangte.

Im Jahre 1719 fing man an die große Provinz Mato Grosso, die im Innern Brasiliens liegt, zu erforschen, und bald entdeckte man Gold im Sande einiger Bäche und Flüsse. Auch trafen der Forschungsreisende **Pasqual Moreira Cabral** und dessen Begleiter mit Indianern zusammen, deren Weiber sich mit schlecht gearbeiteten goldenen Zieraten zu schmücken pflegten. Als diese Thatsachen bekannt wurden, begab sich eine große Anzahl Abenteurer aller Art in jene entlegene Wildnis, wo viel Gold ausgegraben wurde. Die Kunde davon gelangte bald nach dem bevölkerten Osten. Zu Tausenden machten sich die Bewohner der Küstenstädte auf den weiten, beschwerlichen Weg nach dem Eldorado von Mato Grosso.

Am klügsten aber war Senhor **Antonio d'Almeida**, der im Jahre 1727 jene Gegend bei Cuyaba aufsuchte. Dieser spekulative Geist überließ das Goldgraben anderen, und begründete eine Plantage oder Fazenda an einem Flusse, an dessen Ufern er wildwachsendes Zuckerrohr entdeckte. Er ließ dies einernten und bereitete aus dem Saft Zucker und sehr guten Rum. Dieses Getränk war so begehrt, daß anfänglich jede Flasche mit einer Goldunze bezahlt wurde. Auch legte Antonio Maisfelder an, ferner hatte er schöne Viehherden. Seine landwirtschaftlichen Produkte verkaufte er zu erstaunlich hohen Preisen an die Goldsucher, so daß er bald einer der reichsten Männer des Bezirks wurde.

Da kam plötzlich das Unglück über ihn und die anderen
Fazendaros in Gestalt von unzähligen Mäusen, welche in die
Maisfelder und Zuckerrohrpflanzungen eindrangen. Eine gewisse
Schlangenart, die in anderen Provinzen Brasiliens sich mit dem
Vertilgen von Mäusen beschäftigen soll, war leider in Mato Grosso
nicht zu finden. Wurde man der Plage nicht bald Herr, so stand
eine Hungersnot sicher in Aussicht. Don Antonio erfuhr nun
gelegentlich von einem Schankwirt in Cuyaba, daß nahe bei Santa
Cruz, einer kleinen Ortschaft, etwa auf der Hälfte des Weges nach
der Küste, ein Ansiedler wohne, der ein Katzenpaar von bester
Rasse besitze und gewiß gern einige junge Kätzchen für ein gutes
Stück Geld abgeben würde.

Mit einigen Sklaven machte sich d'Almeida alsbald auf
den Weg und suchte bei Santa Cruz den Ansiedler Luiz Artigosa
auf, einen armen Teufel, der gerade fünf junge Kätzchen ersäuft
hatte. Don Antonio bot nach langem Feilschen zuletzt für das
alte Katzenpaar ein ganzes Pfund Gold, und Artigosa, so sehr
er seine Katzen liebte, vermochte dem glänzenden Anerbieten nicht
zu widerstehen und er verkaufte die Tiere.

Einige Jahre nachher veräußerte Luiz Artigosa seine kleine
Besitzung bei Santa Cruz und begab sich nach Rio de Janeiro,
um Spekulationsgeschäfte zu treiben. Er hatte dabei jedoch kein
Glück und bald sah er sich dem Ruin nahe. Da geriet er auf die
Idee nach Mato Grosso zu ziehen und mit Katzen zu spekulieren,
weil er schon einmal damit ein glänzendes Geschäft gemacht hatte.
Er kaufte vierzig schöne Kater und Katzen, brachte sie in geeigneten
Körben unter und ließ diese sorgsam verladen. Dann machte er
sich mit der lebenden Fracht wohlgemut nach Cuyaba auf, wo er
mit seiner Karawane glücklich anlangte.

Von Antonio d'Almeida wurde Luiz Artigosa als alter
Bekannter sehr freundlich aufgenommen, ebenso von den anderen
Fazendaros und von der Bevölkerung von Cuyaba, die sich
bedeutend vermehrt hatte. Man pries ihn allgemein als den
größten Wohlthäter der Gegend, da seine Katzen die Mäuseplage
beseitigt hatten, und man veranstaltete ihm zu Ehren ein großes
Festmahl. All' dies war für ihn gewiß sehr schmeichelhaft, aber
ein neues Katzengeschäft vermochte er nicht zu stande zu bringen,

weil alle Ansiedler mit Katzen versehen waren, die vom ersten Paar abstammten. Die Katzenspekulation war also verfehlt, und traurig trug der Mann seine Körbe aufs freie Feld, öffnete sie und ließ die vierzig Kater und Katzen laufen, wohin sie wollten. Dann ging er wieder zur Stadt zurück. Er hatte nicht die geringste Ahnung von den Folgen, welche seine Unvorsichtigkeit haben sollte.

Später wurde er Goldsucher und durchwühlte fleißig den Sand der Bäche. Längere Zeit hatte er mit dem Goldwaschen gar kein Glück. Eines Tages aber entdeckte er nach langem Umherstreifen in der Wildnis in dem ausgetrockneten Bette eines Waldbaches einen rötlichen Erdfleck, wo auf dem warmen Sande ein schöner schwarzer Kater sich behaglich sonnte. Neugierig trat Luiz Artigosa hinzu. Der Kater miaute vergnügt. Die Beiden erkannten sich wieder. „Ha", murmelte Artigosa, „dieser Kater sieht wohlgenährt und zufrieden aus; wenn es den anderen neununddreißig ebenso wohl ergeht, dann haben die lieben Tierchen wahrhaftig alle Ursache, mir dankbar zu sein, daß ich sie mit so großer Sorgfalt hierher brachte!" Und er bückte sich, um den Kater zu streicheln, der aus lauter Wonnegefühl nun mit den Pfötchen im rötlichen Sande scharrte. Da kamen glitzernde Goldkörner zum Vorschein, welche der wackere Katzenfreund eifrig zu sammeln anfing. Er hatte auf solche seltsame Weise ein reiches Goldlager entdeckt. Er beutete dasselbe in aller Stille aus und kehrte mit seinem Reichtum nach Rio de Janeiro zurück, wo er mehrere Häuser kaufte und so glücklich spekulierte, daß er bald Millionär wurde. Fünfzehn Jahre vergingen, da kam einst ein befreundeter Mann aus Cuyaba nach der Hauptstadt und traf mit Artigosa zusammen. Als Luiz Artigosa ihn fragte, wie es in Cuyaba gehe, antwortete der Freund: „Mein Lieber, reise ja nicht nach Cuyaba! Man würde Dich umbringen, weil Du damals die vierzig Katzen losgelassen hast, die sich so fürchterlich vermehrt haben, daß die Katzenplage noch viel ärger ist, als jemals zuvor die Mäuseplage! Du wirst alle Tage von den Bewohnern des Bezirks Cuyaba verwünscht und verflucht!" — „Nun, dann will ich doch lieber zu Hause bleiben", antwortete jener. „Aber leid thut mirs doch nicht, daß ich damals die Katzen dorthin schaffte!

Denn hätte ich es nicht gethan, so wäre ich nicht zufällig in der Wildnis meinem schwarzen Kater begegnet, sondern wahrscheinlich an der reichen Goldgrube vorübergegangen, der ich mein ganzes Glück verdanke".

Erst nach vielen Jahren gelang es den Pflanzern von Cuyaba nach großen Anstrengungen der Katzenplage Herr zu werden. Noch heute erzählt man dort zu Lande die Geschichte von Luiz Artigosas Katzengeschäft.

Des Menschen Fürsorge zu gunsten der Katzen.

Vermächtnisse. Testamentarische Vermächtnisse reicher Tierfreunde waren den alten Völkern schon nicht mehr fremd, und sie geben beredtes Zeugnis für die Liebe und die Verehrung, welche einzelnen Tieren entgegengebracht wurde.

So haben wir bereits an anderer Stelle erwähnt, daß Sultan El-Daher-Beybars (1260) in seinem Testament die Bestimmung hinterließ, ein Katzenasyl zu bauen.

Diesem Vorbilde sind denn auch andere Tierfreunde bis auf den heutigen Tag gefolgt. So hat beispielsweise im September 1895 der verstorbene Friedensrichter David Sheriff Jackson in London dem königlichen Tierschutzverein 200 000 M., dem Dubliner Tierschutzverein 40 000 M., an das „Heim für verlorene Hunde 2c." in London, Liverpool und Manchester je 40 000, 20 000 und 20 000 M., dem „Viehtrogverein" in London und Manchester je 40 000 M. und endlich an das „Heim für ausgediente Pferde" in London 40 000 M. testamentarisch vermacht. Zur Ehre dieses Tierfreundes sei hier gleich rühmend erwähnt, daß der edle Wohlthäter die leidende Menschheit nicht vergessen hat.

Das Testament einer Katzenfreundin in England. Das englische Gesetz legt einem Erblasser nicht die Pflicht auf, gewissen Verwandten mindestens einen bestimmten Prozentsatz seines Vermögens zu hinterlassen. Es herrscht in dieser Beziehung — Grundbesitz ausgenommen — absolute Freiheit, und darin liegt wohl der Grund, warum man so oft von den sonderbarsten letzten Verfügungen der Engländer und noch öfter der Engländerinnen hört. Ein Testament dieser Art hat ein altes Fräulein Raine hinterlassen, welches beträchtliche Besitzungen in Oxfordshire hatte. Außer mehreren Vermächtnissen an religiöse Gesellschaften vermachte sie mehreren ihrer Dienerinnen acht Lieblingskatzen und zum Unterhalt jeder einzelnen Katze 240 M. jährlich. Welches Alter wohl diese Miezen erreichen werden? Der „Rest ihrer Katzenfamilie" geht in andere Hände für 3000 M. jährlich über, so lange eine der Katzen noch am Leben, aber „diese Bestimmung soll sich nicht auf neuen Katzen-Nachwuchs beziehen". Dieser einschränkende Zusatz war ein Glück für den Erben des Hauptvermögens, das, auf 170000 M. geschätzt, doch kaum für alle Nachkommen dieser Katzenkolonie ausgereicht haben würde. Diese stattliche Geldsumme hinterließ Fräulein Raine Lord Randolph Churchill in Anerkennung seines politischen Genies. Das Testament muß also offenbar vor einer Reihe von Jahren gemacht sein. Übrigens ist Lord Churchill inzwischen der Katzenfreundin im Tode nachgefolgt.

Mademoiselle de Puis († 1678) vermachte ihrer Katze eine Pension und verlangte von ihren Erben, der Katze jede Woche eine Visite zu machen; das Gericht entschied den darüber entstandenen Prozeß zu gunsten der Katzenpension, überhob aber die Erben der Katzenvisite.

Pensionen hinterließ auch seinen Katzen und deren Nachkommen der berühmte Lord Chesterfield. Doch werden auch des öfteren derartige Legate von den Verwandten des Testators angefochten; so erzählt Michel, daß vor Jahren der berühmte Jurist Cremieux die Sache einer Katze vor Gericht zu vertreten hatte; er that dies mit großem Geschick und einer Wärme, welche ihm die Dankbarkeit aller Katzenfreunde sicherte.

Asyle und Hospitäler. Eingangs haben wir bereits eins der ältesten Katzenasyle erwähnt, die sich noch heutigen Tages in Indien, in Kairo, Konstantinopel und anderen Orten des Orients befinden. Überhaupt haben die Völker des Orients von jeher, veranlaßt durch ihre religiösen Anschauungen und Gebräuche, den Tieren gegenüber eine größere Duldsamkeit bewiesen, da sie in ihnen meist göttliche Wesen verehrten. Es ist deshalb auch leicht erklärlich, wenn wir bei den Völkern Indiens, Ägyptens 2c. eine fast rührende Sorgfalt den Tieren gegenüber vorfinden, trotzdem sie sonst noch tief im Barbarismus verharren.

In Florenz besteht schon seit mehreren Jahrhunderten in einem zur Kirche San Lorenzo gehörenden Kloster ein Katzenasyl. Wer sich einer Katze entledigen will, schickt sie zu den Klosterbrüdern; wünscht man eine solche zu besitzen, so braucht man nur seine Wünsche an der Klosterpforte kund zu geben und in bereitwilligster Weise werden diese nach jeder Richtung hin erfüllt, sei es nun in Bezug auf Fell, Farbe oder Alter und Geschlecht.

Im Staate Pennsylvanien (Amerika), so schreibt Michel, besteht seit vielen Jahren ein Katzenhospital, deren Besitzerin es sich zum Berufe gemacht hat, allen bedrängten und unglücklichen Katzen ein schützendes Obdach zu gewähren. Die Eigentümerin ist die Tochter eines reichen und sehr angesehenen Farmers und lebt, nachdem ihre Liebe für Katzen der Grund zur Trennung von ihrem Gatten wurde, mehr als 30 Jahre mit ihren 60 bis 70 Lieblingen. Sie verwendet dazu das ganze Einkommen ihres beträchtlichen Vermögens und hat ihr ganzes Besitztum testamentarisch nach ihrem bereinstigen Tode zur Gründung von Katzenasylen bestimmt.

In Barcelona, so berichtet A. Kellen, bildeten die Katzen noch vor einiger Zeit eine wirkliche Merkwürdigkeit. Die Zahl der weltberühmten Katzen der Kathedrale war nämlich so groß geworden, daß die Tradition von einer vor langer Zeit für die Ernährung dieser Katzen festgesetzten Rente sprach. Die Katzen sind nun vor einiger Zeit feierlich zum Tode verurteilt worden, weil das Kirchenstift den pestartigen Gestank, mit welchem die Vierfüßler den Tempel erfüllten, nicht mehr ertragen kann. Nun werden die Einwohner von Barcelona sich nicht mehr, wie früher, einer diebischen oder bissigen Katze dadurch entledigen können, daß sie diese einfach vor die Kirche trugen und die Beamten des Kapitels für das Tier sorgen ließen. Die „Katzen der Kathedrale" wurden von der ersten bis zur letzten erbarmungslos ins Wasser geworfen.

Die bekannte Schriftstellerin Freifrau Franziska von Reitzenstein-Nemmersdorf (Pseudonym: Franz von Nemmersdorf) in München soll nach dem Vorbilde der englischen Gräfin Mary de la Torre in ihrem Hause zu München ein großartiges Katzenasyl gegründet haben, wofür ihr die dankbare Nachbarschaft den vulgären Beinamen „Katzenbaronin" beilegte.

England dürfte wohl die meisten Katzenasyle besitzen, dann folgt Nordamerika, und einer jüngsten Zeitungsnachricht zufolge soll nunmehr auch Paris die Gründung eines Katzenhospitals aufzuweisen haben. Es mag hier gleich angefügt sein, daß die Katzen sich in der französischen Hauptstadt einer zunehmenden Beliebtheit und Verhätschelung zu erfreuen haben.

Die Tierschutzvereine der deutschen Städte nehmen sich auch der verwahrlosten Katzen an, pflegen dieselben, bis sich ein Liebhaber dafür gefunden, oder lassen sie auf schmerzlose Weise töten. Besonders der Berliner Tierschutzverein nimmt sich der vielgeplagten und gequälten Katzen an. So erließ derselbe eine öffentliche Ermahnung gegen die Quälerei der Hauskatzen. In dieser Flugschrift heißt es u. a., daß wenig Menschen Wert auf den Besitz von Katzen legen und sie nur selten regelmäßig füttern. So würden sie notwendigerweise zu Raubtieren, die man aufs grausamste verfolgte. Die Fälle, in denen namentlich Kinder im schulpflichtigen Alter sich durch raffinierte Grausamkeit gegen Katzen hervorthun, mehrten sich in erschreckender Weise. Täglich wurden dem Tierschutzverein derartige Klagen laut und verstümmelte, schwerverletzte Tiere von mitleidigen Menschen überbracht. Zum Schlusse richtet derselbe an alle Tierfreunde die dringende Bitte, herrenlose, überzählige oder kranke Katzen dem Verein zur kostenlosen, schnellen und schmerzlosen Tötung zu überweisen. Sogar tierärztliche Sprechstunden hat derselbe eingerichtet, in welchen jedem Mitgliede oder unbemittelten Personen Untersuchung kranker Tiere und diesbezügliche Ratschläge kostenlos erteilt werden.

Derartige Bestrebungen verdienen die vollste Anerkennung und die weitgehendste Unterstützung, nicht allein weil dadurch den Tieren unendliche Qualen erspart bleiben, sondern mehr noch, weil der Verrohung der Jugend hierdurch wirksam entgegengearbeitet wird.

Gesetzliche Bestimmungen über das Töten der Katzen.

Die Bestimmungen über das Töten und Erlegen der Katzen in Garten, Feld und Wald sind in den deutschen Staaten ziemlich verschieden und selbst die Urteilssprüche der Gerichte sind nicht immer übereinstimmend. Wer sich über diesen Gegenstand eingehend belehren will, dem empfehlen wir „Das in Deutschland geltende Recht, revierende Hunde und Katzen zu töten". Zusammengestellt und bearbeitet von Josef Bauer, Verlag von J. Neumann in Neudamm, Preis 75 Pf. In dieser Broschüre findet der Interessent alles wissenswerte in ausführlicher Bearbeitung mitgeteilt.

Es würde den gestellten Umfang dieses Buches wesentlich überschreiten, wollten wir diesen Gegenstand eingehend behandeln, und deshalb wollen wir uns nur darauf beschränken, einige richterliche Erkenntnisse hier anzuschließen, aus denen hervorgeht, inwieweit das Recht besteht, Katzen, die Schaden anrichten, töten zu dürfen.

Das Reichsgericht gab im Jahre 1886 folgendes hochwichtige Erkenntnis, nämlich daß „Gartenbesitzer berechtigt sind, Katzen, welche in die Gärten eindringen und daselbst den Singvögeln und anderem Geflügel nachstellen, als Raubtiere zu behandeln und zu töten". Bei Ausübung dieser Berechtigung darf der betreffende Gartenbesitzer die polizeilichen Vorschriften nicht außer Acht lassen, welche sich auf das „Schießen in den Gärten", auf das „Schießen in der Nähe von Wohnungen", auf das „Schießen in feuergefährlicher Nachbarschaft" 2c. beziehen, und welche in den verschiedensten Gauen unseres Vaterlandes verschieden sind. Unter Umständen ist man zum Töten einer Katze zwar berechtigt, nicht aber zum Schuß auf dieselben. — (Katzenfallen.) — Liebe's Ornithol. Schriften.

Wie verschieden die Auffassungen über die Zulässigkeit des Tötens bezw. Beschädigens der Katze sind, zeigen folgende in derselben Angelegenheit ergangenen gerichtlichen Erkenntnisse: Das Schöffengericht hatte einen Kaufmann aus Brühl von der Anklage der Sachbeschädigung freigesprochen. Die Katze des Nachbars hatte nämlich eines Tages vom Hofe des Angeklagten eine Seezunge gestohlen. Als das Tier sich einige Tage wieder auf der Hofmauer sehen ließ, schoß der Kaufmann aus einer Flobertbüchse mit feinem Schrot auf die Seezungen-Liebhaberin, ohne sie stark zu verletzen. In der Strafkammersitzung vom 20. Juni 1893 in Köln wurde indessen auf erhobenen Rekurs der Kaufmann mit einer Geldstrafe von 3 Mark, allerdings der geringsten Strafe, belegt.

Allgemein wird an dem Grundsatz festgehalten, daß der Eigentümer eines Tieres für den von diesem angerichteten Schaden haftbar ist. Wenn der Eigentümer sich dieser Verpflichtung entzieht, so kann der Geschädigte zur Wahrung seines Eigentums fremde Katzen töten oder wegfangen, verwertet er aber Fell und Fleisch, so kann er wegen strafbaren Eigennutzes belangt werden. In der am 18. Mai 1893 zu Limburg abgehaltenen Strafkammersitzung kam u. a. zur Verhandlung die Strafsache gegen den Kaufmann Robert Waldhausen von Lindenthal bei Köln, Pächter der Jagd in der Gemeinde Fluterschen bei Altenkirchen. Am 17. September 1892 jagte er dort, sein Hund stellte eine Katze, die er dann tot schoß. Die Katze gehörte dem Lehrer von Fluterschen, welcher Strafantrag wegen Sachbeschädigung stellte. Nach vorgängiger Verhandlung vor dem Schöffengericht in Altenkirchen erfolgte auch die Verurteilung des Angeklagten zu einer Geldstrafe von 30 M. event. 6 Tage Gefängnis. Das Schöffengericht führte unter anderem aus, daß nach den gemeinschaftlichen Grundsätzen die Tötung im Felde betroffener nicht jagdbarer Tiere seitens des Jagdberechtigten unter Anwendung der gemeinrechtlichen Normen über die Selbsthilfe nur zuzulassen sei, soweit dies nach den Umständen des einzelnen Falles erforderlich sei, um das eigentliche Wild vor den Nachstellungen dieser Tiere zu schützen, es sei also nur die Tötung wildernder Katzen, nicht aber auch derjenigen Katzen, welche sich lediglich des Mäusefanges wegen in das Feld begeben, zulässig. Im vorliegenden Falle, wo die Katze sich nur 250 m von dem Hause, zu welchem sie gehörte, entfernt hatte und noch im Angesichte dieses Hauses sich befand, sei dieselbe unbedenklich nicht als wildernde Katze anzusehen. Auf von Waldhausen gegen dieses Urteil eingelegte Berufung hob die Strafkammer zu Neuwied dasselbe unter Freisprechung des Angeklagten auf und begründete dieses Urteil unter anderem auch damit,

Gesetzliche Bestimmungen über das Töten der Katzen.

daß eine Katze, auch wenn sie zur menschlichen Wohnung zurückkehre, zu den wilden Tiere zähle, und daß jeder Jagdpächter sich in seinem Rechte befinde, wenn er zum Schutze seines Jagdrechts Katzen töte. Dieses Urteil wurde auf Revision der Staatsanwaltschaft zu Neuwied vom Reichsgericht aufgehoben und die Sache zur nochmaligen Verhandlung und Entscheidung an das Landgericht Limburg verwiesen. Diese Strafkammer stellte sich ebenfalls auf den Standpunkt des ersten Richters und erkannte auf die ursprüngliche Strafe von 30 Mark. Auch wurden dem Angeklagten sämtliche Kosten aller Instanzen zur Last gelegt, welche 500 Mark betrugen.

Hierzu machte die „Deutsche Jägerzeitung" folgende Bemerkung: Es geht nicht an, eine im Felde den Mäusen nachstellende Katze für eine „wilde" zu erklären. Außerdem versagt hier die sonst in Bezug auf das Töten revierender Hunde und Katzen so günstige Gesetzgebung des code civil, Art. 1382, denn erwiesenermaßen hatte die Katze nicht gejagt, den Wildstand auch nicht gefährdet. Damit fällt das Tötungsrecht aus dem Grundsatze der Selbsthilfe. Nach Lage der Sache war es übrigens nicht möglich, daß das Urteil der II. Instanz vom Reichsgericht aufgehoben wurde, da das Oberlandesgericht zuständig war.

Aus diesem Erkenntnisse ersieht man, daß das Töten von Katzen nicht ohne weiteres erlaubt ist, und daß derjenige, der ohne allen ersichtlichen Grund eine solche tötet, strafbar ist.

Wir wollen diesen Abschnitt nicht schließen, ohne einen Fall mitzuteilen, wie sich unsere Gesetzgebung der vielverfolgten Katze annimmt und insbesondere grausame Quälereien bestraft.

Vor dem Schöffengericht stand am 26. Mai 1896 der dreizehnjährige (!) Schuljunge Friedrich Paul Kühne, der der Aufforderung des Schuljungen Opitz, zur Mißhandlung einer Katze beizutragen, Folge leistete.

Der genannte Opitz als Haupttierquäler war noch nicht strafmündig und konnte deshalb vom Schöffengericht nicht abgeurteilt werden! Er hatte einigen Kindern, welche in der Nähe des Fürstenplatzes mit einer Katze spielten, dieselbe weggenommen und nach dem „Windmühlenberg" geschleppt, woselbst er gemeinsam mit Kühne ein Loch in die Erde grub und die vorher ganz gewaltig mißhandelte Katze halbtot hineinlegte. Hierauf schütteten die beiden

Jungen Sand und Erde auf die eingescharrte Katze; damit sie nicht entweichen sollte, legten sie noch Steine auf die Grube. Es gelang dem armen Tiere nach vieler Anstrengung, herauszukommen, worauf dasselbe von Kühne mit einem spitzen Granitsteine vollends totgeschlagen wurde. Die hoffnungsvollen Sprößlinge wollen lediglich einen „Spaß" im Sinne gehabt und nicht geglaubt haben, daß sie sich einer strafbaren Handlung schuldig gemacht. Kühne wurde vom Vorsitzenden Amtsrichter Bockwitz in eindringlicher Weise belehrt, daß er eine derartige Rohheit für die Zukunft unterlassen solle. Für die öffentliche Tierquälerei wurde der Junge zu einer Woche Haft verurteilt, wobei der Vorsitzende beklagte, daß das Gesetz nicht eine empfindliche Prügelstrafe noch zuläßt. Diese wäre einer solchen Verrohung gegenüber sicher am Platze gewesen.

Die Krankheiten der Katze.

Bei pfleglicher Behandlung, geeigneter und guter Fütterung, reinlichem Lager wird die Katze selten oder doch von weniger Krankheiten heimgesucht, wie andere Haustiere. Obschon die Behandlung erkrankter Katzen zu den schwierigsten gehört, namentlich bei innerer Erkrankung, da sie jede Eingabe von Medizin auf das hartnäckigste verweigern, wollen wir der Vollständigkeit halber es doch nicht unterlassen, die häufigst vorkommenden Krankheiten zu erwähnen und die gebräuchlichen Heilmittel anzuführen.

Der eigensinnige und störrische Charakter namentlich kranker Katzen schließt eine Eingabe von Medizin fast vollständig aus, nur in vereinzelten Fällen mag es manchmal gelingen, ihnen irgend eine Mixtur beizubringen; sie wehren und sträuben sich und vereiteln durch Kratzen und Beißen alle diesbezüglichen Versuche. Wo die Krankheit nicht zu ernsten Bedenken Anlaß giebt, hilft sich die Katze meist selbst, und ihre zähe Natur läßt sie manchen Unfall besser überstehen, wie die Hunde. In schweren Fällen ist sie dagegen meist rettungslos verloren und nur der Tod erlöst sie von ihren Qualen. Jeder Tierfreund wird, sofern er sieht, daß einer kranken Katze nicht mehr zu helfen ist, soviel Gefühl besitzen, das Tier von seinen Leiden durch eine schmerzlose Todesart zu befreien.

Die Wut wird nach Ober=Medizinalrat Dr. Hering in den meisten Fällen durch den Biß eines wütenden Hundes oder einer wütenden Katze hervorgerufen, und man hat Erfahrungen gemacht, daß von solchen Katzen gebissene Menschen später in Wasserscheu verfielen und daran starben. Weil die Katzen meist freien Zutritt in die menschlichen Wohnungen haben, werden sie in diesem Zustande weit gefährlicher wie wütende Hunde, die noch rechtzeitig abgesperrt werden können; zudem ist auch der Katzenbiß wegen der langen und spitzen Eckzähne tiefer und gefährlicher. Das einzige zur Verfügung stehende Mittel ist sofortige Tötung.

Die Sucht oder Staupe, auch Katarrh genannt, ist eine häufige Krankheitserscheinung bei jungen Katzen und verläuft ähnlich wie bei den Hunden. In leichten Fällen geht sie oft ohne weiteres vorüber und hinterläßt keine nachteiligen Folgen. Tritt sie aber intensiver auf, so fallen ihr manche jungen Kätzchen zum Opfer, und diejenigen, welche diese Krankheit überstehen, behalten meist eine Lähmung des Rückgrats oder der Extremitäten davon zurück, die sich wohl auch in nervösen Zuckungen kundgiebt. Der Verlauf ist, wie bereits erwähnt, fast der gleiche wie bei der Hundesucht.

Das beste Mittel gegen diese tückische Krankheit, die viel Opfer fordert, ist Vorbeugung, und diese besteht in reinlichem, trockenem Lager, genügender Wärme und guter, naturgemäßer Nahrung. Erkrankte Tiere sind von den gesunden streng abzusondern, da die Sucht ansteckend ist und sich leicht überträgt. Bei schwierigen Fällen und wenn es möglich ist, dem Kätzchen etwas einzuflößen, dürften kleine Gaben Chinin wirksam sein; immer ist es aber besser, wenn der Laie, da er die Komplikationen der Staupe nicht erkennen kann, einen erfahrenen Tierarzt zu Rate zieht.

Husten, durch Erkältung oder als Folge einer überstandenen Krankheit, wie Staupe ꝛc. hervorgerufen, kann man durch warme Haltung und nicht reizendes Futter bekämpfen; auch haben wir in warmer Milch aufgelöste Salmiakpastillen in kleinen Gaben regelmäßig gegeben, mehrere Male mit gutem Erfolg angewendet.

Durchfall entsteht durch Erkältung, schlechte, ungeeignete Nahrung und nach Genuß von zu vielem Fett; er tritt am häufigsten bei jungen Katzen nach der Entwöhnung und bei Aufnahme anderen Futters auf. Daher soll der Übergang von der Muttermilch zur festen Nahrung nur allmählich erfolgen. Bei dieser Krankheit magern die Katzen sichtlich ab und gehen auch wohl an Entkräftung zu Grunde. Warmes Lager, sorgfältige Fütterung, ausgesuchtes Futter, wie Reis in Milch gekocht, mageres, gekochtes Schaffleisch helfen wohl in vielen Fällen, oft ist aber der Durchfall so heftig und anhaltend, daß alle Mühe, zu helfen, vergeblich erscheint. In hartnäckigen Fällen wirkt Ricinusöl, dem man bei großen Schmerzen — die an dem verzerrten Gesichtsausdruck zu erkennen sind — 2 bis 3 Tropfen Laudanum zusetzt.

Unter Vergiftungen haben die Katzen viel zu leiden. Sei es nun, daß sie Giftbrocken, die für Krähen und anderes lästiges Raubgesindel ausgelegt wurden, aufnehmen oder daß sie von böswilligen Menschen eigens für Katzen präparierte Brocken, wie in Butter gebratener Schwamm, mit Strychnin vergiftete Fleischbrocken verzehren oder auch sich in unbewachten Augenblicken an präparierten Vögeln, die meist mit Arsenik vergiftet sind, heranmachen; in allen Fällen ist die Vergiftung, wenn sie nicht gleich erkannt wird und Gegenmittel angewendet werden, absolut tötlich. Wenn es gelingt, die Katze zum Erbrechen zu bringen, etwa durch warme Milch mit Öl oder Butter, so kann man noch Rettung erwarten. Auch empfiehlt es sich, der Milch eine Messerspitze Magnesia zuzusetzen.

Räude oder Krätzmilbe wird durch ein kleines Parasit (Sarcoptes Cati) verursacht und ist leicht zu erkennen an dem struppigen, glanzlosen Haar, an der geröteten Haut und den sich bildenden Pusteln und Eiterbeulen. Da die Räude sich sehr leicht auf andere Katzen und auch auf Hunde überträgt, muß die von derselben befallene Katze während der Dauer dieser Krankheit separat gehalten werden und darf nicht mit anderen in Berührung kommen. Erkennt man die Räude frühzeitig, so sind, falls die Katze sich behandeln läßt, Waschungen mit warmem Wasser unter Zusatz von Krevlin (1 : 100) vorzunehmen. Bei vorgerücktem Stadium nehme man grüne Seife und frisches, ungesalzenes Schweineschmalz zu gleichen Teilen unter Zusatz von pulverisiertem Schwefel ($^1/_3$) und

Kreolin, und zwar von letzterem soviel, daß die Salbe eine schwach bräunliche Farbe erhält. Diese Salbe muß fest auf die Haut eingerieben werden und nach 24 Stunden badet man mit warmem Seifenwasser nach. Die zu verwendende Seife muß sodafrei sein. Dieses Verfahren hilft in den meisten Fällen.

Bißwunden und Wunden anderer Art bedürfen keiner besonderen Behandlung, nur sorge man für Reinhaltung; die Katze wird durch fleißiges Belecken den Heilungsprozeß beschleunigen. Waschungen mit Wasser unter Zusatz von Arnikatinktur erweisen sich als heilsam.

Knochenbrüche kommen bei Katzen seltener vor und sind bei dem bekannten Eigensinn der Katzen kaum wirksam in der Heilung zu unterstützen. Handelt es sich um einen Beinbruch, so versuche man, falls die Katze die Behandlung zuläßt, den Bruch, nachdem das Bein zurecht gesetzt und in die richtige Lage gebracht ist, zu schienen (mit 2 schmalen Holzbrettchen) und umwickele dann mit einer Leinenbinde das ganze Bein; auch ist Gipsverband zu versuchen.

Ungeziefer stellt sich auch bei den Katzen ein und selbst gutgepflegte sind davon nicht ausgeschlossen, wenn sie während der Ranzzeit mit anderen und vernachlässigten Katzen in Berührung kommen. Ein wirksames Mittel zum Vertreiben des Ungeziefers ist folgendes: man träufle auf eine Bürste einige Tropfen Terpentinöl und bürste damit die Katze gründlich. Diesen penetranten Geruch kann das Ungeziefer nicht vertragen und es verläßt schleunigst den Schauplatz seiner Thätigkeit. Im übrigen ist Reinlichkeit die Hauptsache.

Über Band- und Spulwürmer bei den Katzen schrieb der bereits erwähnte Ober-Medizinalrat Dr. Hering folgendes: Nicht selten findet sich auch im dünnen Darm der Katze ein Bandwurm (Taenia crasticollis), der dickhalsige Bandwurm genannt; er wird bis zu 30 cm und darüber lang, während die Breite der Glieder 4 bis 8 mm beträgt. Neben dieser Taenia kommt, und in Mehrzahl, eine viel kleinere Art vor, welche dünn und fein und nur $2^{1}/_{2}$ bis $7^{1}/_{2}$ cm lang ist; es ist Taenia elliptica.

Man hat auch einige Male eine Taenia in den Eingeweiden der zahmen Katze gefunden, welche dem breiten Bandwurm des Menschen (Botriocephalus latus) sehr ähnlich ist und bis zu

1,50 m lang wird; die Breite ihrer Glieder beträgt in der Mitte 8 mm, gegen das Ende nur 4 mm. Es ist durch Versuche nachgewiesen, daß die dickhalsige Taenia aus einem Blasenwurm entsteht, welcher in der Leber der Mäuse wohnt und eine Wasserblase von der Größe einer Wicke bis zu einer Erbse darstellt, an deren vorderem Ende ein Bandwurmkopf sich befindet. Wenn die Katze eine solche kranke Leber der Maus frißt, so entwickelt sich im Darm der Katze daraus der dickhalsige Bandwurm, dessen Eier gelegentlich von Mäusen gefressen werden und in diesen den Blasenwurm (Cysticercus fasciolaris) darstellen, der somit nur die erste Entwicklungsstufe des Bandwurms ist.

Außer den angeführten kommen in der Katze noch einige kleinere Würmer vor, die jedoch selten störend wirken. Im ganzen scheinen die Eingeweidewürmer die Katzen wenig und selten zu belästigen und nur bei sehr großer Anzahl (z. B. der Spulwürmer) oder großer Länge (der Bandwürmer) der Gesundheit nachteilig zu werden.

Zum Vertreiben der Würmer sind zu empfehlen: gepulverte Arecanuß, das Innere von Hagebutten und Kussoblüte. Bevor diese aber gereicht werden, muß die Katze hungern, denn nur in einem sozusagen „nüchternen" Magen wirken diese Mittel.

Mit zunehmendem Alter tritt auch bei den Katzen Altersschwäche auf, sie verlieren dann auch wohl die Zähne und sind nicht mehr imstande, ihre sonstige Nahrung zu kauen. Die Verdauung stockt, mühsam hält man sie mit Suppen aufrecht, bei bester Pflege magern sie ab, werden hinfällig und gehen dann an Entkräftung ein, wenn man nicht vorher ihrem Leben auf eine humane Art ein Ende bereitet.